Diogenes Taschenbuch 21758

Luciano De Crescenzo

oi dialogoi

Von der Kunst, miteinander zu reden

Aus dem Italienischen von Jürgen Bauer

6. XII. 1989

Diogenes

Titel der Originalausgabe:
oi dialogoi
I dialoghi di Bellavista

Die deutsche Erstausgabe erschien
1987 im Diogenes Verlag
Umschlagillustration: Sempé
Der Übersetzer dankt Stefano Matera
für seine Mithilfe

Veröffentlicht als Diogenes Taschenbuch, 1989

200/89/8/2
ISBN 3 257 21758 7

Der Wert eines Dialogs hängt vor allem von der Vielfalt der konkurrierenden Meinungen ab. Hätte es den Turm zu Babel nicht gegeben, müßten wir ihn erfinden.

Karl R. Popper
›Conjectures and Refutations‹

Inhalt

Vorwort

Diese *Dialoge* widme ich meinen Eltern.

Papa hieß Eugenio De Crescenzo, wurde im Jahr 1879 geboren und hat als Gefreiter in Albanien am Ersten Weltkrieg teilgenommen. Seine einzige Leistung als Soldat, von der ich weiß (weil er's mir immer wieder erzählte), bestand darin, den Soldatenfraß, der, wie er sagte, voller Mäusekacke war, überlebt zu haben. Jedesmal, wenn ich als Kind etwas auf dem Teller liegen ließ, fing er sofort an zu brüllen: »Ich hab in Albanien Mäusekacke gegessen, und du Lausebengel mußt so ein Geschenk Gottes liegen lassen!« Das Geschenk Gottes bestand, damit wir uns richtig verstehen, aus dem Fettrand, den ich beim sonntäglichen Mittagessen mühevoll von meinem Stück Fleisch abschnitt.

Papa wäre als junger Mann gerne Maler geworden wie sein Vater, Giuseppe De Crescenzo. Der war Schüler von De Nittis gewesen und hatte der Schule von Resina angehört. Aber gerade der Großvater erstickte eines schönen Tages die künstlerischen Ambitionen meines Vaters schon im Ansatz. Er erwischte ihn mit dem Farbkasten unter dem Arm in der Galleria, wo er die Schule schwänzte, und verprügelte ihn so tüchtig, daß beide auf der Polizeiwache landeten. Der Großvater mußte dem Kommissar sein Ehrenwort geben, daß er seinen Sohn nicht mehr schlagen würde, und als Gegenleistung versprach mein Vater, den Farbkasten nie mehr anzurühren. »Wenn du vor Hunger verrecken willst, dann werd nur Maler!« Das war, zusammengefaßt, die Meinung meines

Großvaters über seinen eigenen Beruf. Am Tag darauf nahm er meinen Vater vom Vittorio-Emanuele-Gymnasium und steckte ihn als einfachen Arbeiter in die Handschuhfabrik eines Verwandten, des Cavaliere Martusciello. Damals gab es noch kein Betriebsverfassungsgesetz oder ähnliche Errungenschaften, und so mußte mein Großvater, Verwandtschaft hin, Verwandtschaft her, die zwei Lire, die die Handschuhmacherschere für meinen Vater kostete, aus seiner eigenen Tasche berappen. Es handelte sich jedoch nur um ein Darlehen: als die erste Woche um war, erschien er statt seines Sohnes an der Kasse, um dessen Lohn in Empfang zu nehmen.

Im Lauf der Zeit wurde mein Vater Abteilungsleiter, und eines schönen Tages beschloß er dann, sich selbständig zu machen und in der Via Chiaia einen kleinen Laden mit ein paar Arbeitern im Hinterzimmer aufzumachen. Doch das Geschäft ließ zunächst zu wünschen übrig. Er schlug sich zwar so geradeeben durch, aber richtig in Schwung kam die Sache nicht. Meine Mutter meinte, das liege nur daran, daß die Arbeiter Tagediebe seien und die Verkäuferinnen, sobald man ihnen den Rücken zukehre, die Ware klauten. Als Mama anfing, sich selbst um das Geschäft zu kümmern, änderten sich die Dinge auf einen Schlag: Erst einmal zog man um, an die Piazza dei Martiri, in eine schicke Gegend, in der es von englischen Touristen wimmelte; dann wurden andere Arbeiter und Verkäuferinnen eingestellt, und schließlich beaufsichtigte meine Mutter – sie schien an mehreren Orten gleichzeitig zu sein wie Sant'Antonio – ständig die Werkstatt, die Verkäuferinnen und sogar meinen Vater, der die Untugend hatte, jedem x-Beliebigen, der in den Laden kam und sich ihm als Maler vorstellte, mindestens ein Paar Handschuhe zu schenken.

Von Zeit zu Zeit rief Papa aus: »Eine Million möcht ich haben!« Er hat es nie geschafft, unter anderem deshalb nicht, weil während des furchtbaren Bombenangriffs am 4. August

1943, um Punkt 13.30 Uhr, eine amerikanische Bombe genau in unserem Laden an der Piazza dei Martiri explodierte und allen kaufmännischen Aktivitäten ein Ende setzte. Zum Glück verlor er so zwar sein Geschäft, nicht aber sein Leben, denn ein paar Monate zuvor hatte er beschlossen, daß wir uns in ein ruhiges Dorf zurückziehen sollten, weit entfernt von den Gefahren des Krieges, wo es, wie er mit großem Vergnügen immer wieder sagte, nicht einmal eine Zeitung gebe. Das Dorf hieß Cassino.

Meine Mutter, Giulia Panetta, wurde 1883 in der Via Mancini, in der Duchesca geboren. Mit vierzig Jahren war sie immer noch nicht verheiratet. Die Leute in der Nachbarschaft meinten: »Die Ärmste, sie hat kein Glück!« Doch als sie schon fast aufgegeben hatte, tauchte am Horizont ein Mann im besten Alter auf, der sich mit Heiratsabsichten trug. Er war Geschäftsmann, hatte weiße Haare, blaue Augen und einen guten Ruf. Die Informanten der Familie meinten: »Er ist ein tüchtiger Kerl, hat nicht eine Lira Schulden.« Nachdem sie geheiratet hatten, ließen sie sich in Santa Lucia nieder.

Als ich geboren wurde, war Papa fünfzig und Mama fünfundvierzig. Dieser große Altersunterschied zwischen ihnen und mir sorgte dafür, daß keiner von beiden miterleben konnte, wie sich mein Leben entwickelte. Papa ging von uns, als ich gerade mein Studium begonnen hatte, und Mama folgte ihm, als ich noch bei der IBM arbeitete. Ich weiß nicht, ob es so etwas wie das Paradies gibt und ob sie es sich verdient haben, aber ich hoffe doch sehr. Bei meiner Mutter habe ich keinen Zweifel: sollte es irgendwo ein Paradies geben, dann ist sie sicher dort. Ihr würde es sozusagen von Rechts wegen zustehen, Laden und Kirche, Kirche, Laden und Kinder, Mama hat ihr ganzes Leben lang nichts als gearbeitet und gebetet. Was meinen Vater betrifft, bin ich dagegen etwas unsicher, und zwar wegen seiner Gewohnheit, sich in schwierigen Augenblicken mit dem Herrgott anzulegen. Aber, wenn man es genau bedenkt, richtig geflucht hat er eigentlich nie. Jedesmal, wenn er ansetzte: »Hol's der...«, schnitt ihm ein »Gelobt sei Jesus Christus« meiner Mutter den Fluch ab.

Wahrscheinlich gibt es das Paradies wirklich: Wenn wir darüber keine Informationen aus erster Hand bekommen, dann deshalb, weil die himmlischen Seelen, die darin wohnen, keine Möglichkeit haben, mit uns in Verbindung zu treten, und weil sie nicht wissen, was auf der Erde passiert. Sie sind vollständig von uns abgeschnitten, und Mama und Papa stehen jedesmal, wenn wieder eine Ladung Seelen ankommt, am Eingang und bestürmen alle Neapolitaner unter ihnen:

»Woher kommen Sie denn?«

»Aus Neapel.«

»Aus welchem Stadtteil?«

»Vom Vomero.«

»Sie wissen nicht zufällig was von einem gewissen Luciano De Crescenzo?«

»Meinen Sie den Schriftsteller?«

»Nein, mein Sohn ist Ingenieur«, wird meine Mutter voller Stolz erwidern, »er ist Ingenieur bei der Upim.«

Ich war fast zwanzig Jahre bei der IBM, aber meine Mutter konnte sich den Namen meiner Firma nie merken: sie hat ihn immer mit dem der Kaufhauskette Upim verwechselt.

»Es gibt tatsächlich einen Ingenieur Luciano De Crescenzo, der führt Computer im Fernsehen vor«, wird darauf der Neuankömmling sagen, »aber ich versichere Ihnen, das ist genau der gleiche: der Schriftsteller. Er hat graue Haare und einen weißen Bart. Hat Ihr Sohn einen Bart?«

»Von wegen einen Bart!« wird meine Mutter ausrufen. »Bei der Upim würden sie nie zulassen, daß er sich einen Bart stehen läßt. Und außerdem ist mein Sohn schüchtern: Er ist nicht der Typ von Mensch, der etwas im Fernsehen vorführt. Er ist so ein guter Junge!«

»Erlauben Sie noch eine Frage«, fährt die Seele fort. »Ihr

Sohn ist nicht zufällig der Regisseur, der den Film *Also sprach Bellavista* gemacht hat? Wissen Sie, ich frage nur, weil mir der Film so gut gefallen hat. Stellen Sie sich vor, ich hab ihn dreimal gesehen!«

»Nein, das ist nicht mein Sohn. Der, von dem Sie reden, ist ein ganz anderer.«

Und dann werde eines schönen Tages (oder eines unschönen Tages, je nachdem, wie man's betrachtet) auch ich im Paradies ankommen.

Stellen Sie sich das Wiedersehen vor: die Umarmungen und die Küsse, die Tränen meiner Mutter und die Fragen von Papa, die sich mit meinen überschneiden, schließlich ist in wenigen Minuten ein ganzes Leben zu erzählen.

»Wie geht's dir?«

»Ganz gut, wenn man bedenkt, daß ich gerade gestorben bin.«

»Was hast du denn in all den Jahren gemacht? Erzähl doch! Aber nur keine Eile, eines nach dem andern, denn Zeit haben wir hier weiß Gott genug.«

Und ich werde erzählen, wie mein Leben nach ihrem Tod verlaufen ist: von der Arbeit als Ingenieur, den Computern, der Kündigung bei der IBM, den ersten Büchern, den Fernsehsendungen, dem Bildband über Neapel, der *Geschichte der griechischen Philosophie,* den Filmen, dem Umzug nach Rom, und so weiter und so fort.

»Entschuldige, jetzt möchte ich aber eines wissen«, wird mein Vater sagen, »hast du nicht immer gesagt, daß du Wasserbauingenieur werden wolltest? Und dann fängst du bei den Computern an!«

»Ja, auf den Wasserbau bin ich gekommen, weil ich gehört hab, daß es in Italien auf dem Gebiet an allen Ecken und Enden fehlt. Jede Menge Deiche zu bauen, Dämme zu überwachen, Überschwemmungen, Erdrutsche, Ortschaften ohne Kanalisation. Damals war ich einfach überzeugt, daß Wasserbauingenieure überall gebraucht würden.«

»Und das war falsch?«

»Das war falsch, ich hab keine Stelle gefunden und bin notgedrungen bei den Computern eingestiegen.«

»Und dann?«

»Dann, ich war inzwischen leitender Angestellter, ist es mir langweilig geworden, jeden Morgen ins Büro zu gehen, und ich hab gekündigt.«

»Jesus Christus!« wird da meine Mutter ausrufen, »da hättest du ja in der Gosse landen können!«

»Da hab ich angefangen zu schreiben.«

»Dann hat dieser Herr letztes Jahr also recht gehabt. Giulia, erinnerst du dich an den Herrn aus Mailand, der mit seiner ganzen Familie hier angekommen ist, weil er auf der Autobahn Pech gehabt hat?«

»Natürlich! Wie er gesagt hat: ›Signora, ich versichere Ihnen, daß Ihr Sohn Schriftsteller ist.‹ Und ich darauf: ›Das ist unmöglich, Sie machen Witze‹, aber der gibt nicht nach: ›Ich bitte Sie, wie sollte mir, nach dem, was mir zugestoßen ist, nach Witzen zumute sein?!‹«

»Und wie verdient man so als Schriftsteller?« wird mein Vater fragen.

»Na ja, wenn man Glück hat und einen Bestseller landet, aber nicht nur eine Eintagsfliege, dann kann man da ganz schön Geld machen.«

»Und du, wieviel hast du verdient?«

Und als ich's ihm sagen will, wird mich meine Mutter ermahnen, leiser zu sprechen.

»Pst, paß auf, daß es keiner hört: Hier sind alle neidisch.«

»Wie, sind wir denn nicht im Paradies?«

»Schon, aber es ist besser, wenn man nicht alles von sich rumerzählt«, wird Mama auf ihrer Meinung beharren und mißtrauisch umherschauen.

»Also, mit der *griechischen Philosophie,* die so ziemlich überall übersetzt worden ist, sogar in Japan, hab ich ganz schön verdient, ungefähr...«

Und dann werde ich, dem Rat meiner Mutter folgend, ganz leise die Summe nennen.

»Millionen?!!!!« wird mein Vater höchst verblüfft ausrufen.

»Natürlich, Millionen«, wiederhole ich.

»Aber dann bist du ja Millionär?!«

»Papa, heutzutage ist in Italien fast jeder Millionär!«

»Jesus Christus, das sind Zustände! Und wer weiß, wie viele Handschuhe verkauft werden.«

»Also, ehrlich gesagt, Handschuhe verkaufen sich nicht so gut.«

»Wieso?«

»Es zieht einfach niemand mehr Handschuhe an, wenn er ausgeht.«

»Siehst du, Giulia«, wird mein Vater zu Mama sagen. »Lauter Millionäre, aber keine Eleganz mehr! Da ist nichts zu machen, ich hab's ja immer gesagt: Elegant wird man geboren. Da kann einer ruhig über Nacht reich werden, wenn er keine Klasse hat, bleibt er immer ein armer Hund!«

»Ach übrigens, Papa. Habt ihr hier oben mal einen gewissen Sokrates getroffen?«

»Einen in 'nem lausigen Aufzug, klein, gedrungen, mit 'nem Bulldoggengesicht?«

»Ja, genau den.«

»Der treibt sich ständig hier rum. Aber wenn ich dir einen Rat geben darf, komm ihm nicht zu nah! Das ist einer von denen, die du nicht mehr los wirst, wenn sie dir einmal ein Gespräch aufgedrängt haben. Du sagst zu ihm: ›Sokrates, was du sagst, klingt vernünftig. Mir scheint, du hast recht.‹ Und er darauf sofort: ›Da du meine Worte vernünftig nennst, glaubst du offensichtlich zu wissen, auf wessen Seite die Vernunft steht. So sag mir bitte: Was ist Vernunft?‹ Also, mein Junge, wenn du hier oben deine Ruhe haben willst, dann gibt es ein paar Leute, denen du aus dem Weg gehen mußt: Sokrates, Cicero, Silvio Pellico und Cambronne.«

Der Mancini von Papa

»Die höchste Künstlerkonzentration aller Zeiten gab es im alten Griechenland, zwischen 460 und 430 vor Christus, zur Zeit des Perikles...«

»Dem Freund von Achilles?« unterbricht Salvatore, um sich ein wenig hervorzutun.

»Aber nein«, seufzt Bellavista betrübt, »das war Patroklos. Salvatò, du paßt schon eine ganze Zeit lang nicht richtig auf. Ständig hast du irgendetwas anderes zu tun: Erst stehst du auf, um dir eine Tasse Kaffee zu holen, dann, weil du drunten im Hof Lärm gehört hast, und zu guter Letzt verwechselst du mir Perikles und Patroklos und überspringst einfach sechs Jahrhunderte!«

»Entschuldigen Sie, Professore«, erwidert Salvatore beschämt. »Aber mich hat die Geschichte, die Sie uns vorgestern erzählt haben, so beeindruckt. Erinnern Sie sich? Von Achilles, der um Patroklos weint. Also, ehrlich gesagt, es ist mir ziemlich komisch vorgekommen, daß so einem knallharten Kerl wie Achilles so viel an einem Transvestiten liegt.«

»Und wer hat dir gesagt, daß Patroklos ein Transvestit war?«

»Sie, Professore. So, wie Sie die Geschichte erzählt haben, hatte ich den Eindruck, daß es zwischen Achilles und Patro klos, wie man heute sagt, zarte Bande gab.«

»Also, hör mal, Salvatò: Abgesehen davon, daß in der Antike in Griechenland Homosexualität eine alltägliche Angelegenheit war, sind Achilles und Patroklos lediglich

Freunde gewesen, die viel gemeinsam unternommen haben, praktisch genauso wie du und Saverio.«

»Moment mal, Professore«, mischt sich Saverio ein. »Salvatore und ich sind wirklich enge Freunde, das kann ich nicht bestreiten. Aber seien Sie ein bißchen vorsichtiger mit Ihren Vergleichen. Das Verhältnis zwischen Achilles und Patroklos ist ja wohl immer etwas zweideutig gewesen. Jedenfalls, wenn Sie uns unbedingt mit denen vergleichen wollen, dann seien Sie doch so nett und bestätigen Sie mir, daß ich der Achilles von uns beiden bin und Salvatore der Patroklos.«

»Was soll das heißen, du bist Achilles und ich bin Patroklos?« erkundigt sich Salvatore mißtrauisch.

»Ich werd schon wissen, was ich damit sagen will«, lautet Saverios Antwort.

»Hört mal her«, unterbricht sie Professor Bellavista ungeduldig. »Wenn ihr erlaubt, würde ich jetzt gern den Unterricht fortsetzen. Wenn ihr nicht damit einverstanden seid, sagt es mir gleich, und wir machen Schluß für heute!«

»Nein, Professore, um Himmels willen, machen Sie weiter!« fordert ihn Oberst Santanna auf; dann wendet er sich den Störenfrieden zu und fährt in verändertem Tonfall fort: »Es sind doch immer die gleichen, die hier Unruhe reinbringen!«

»Also, wie ich gerade gesagt habe«, fährt Bellavista fort, »hat Griechenland im 5. Jahrhundert vor Christus, was die Kunst angeht, eine äußerst glückliche Zeit erlebt: Maler, Bildhauer, Architekten, Philosophen, Dramatiker und Komödienschreiber bevölkerten die Salons von Athen.«

»Und womit erklärt man diese Konzentration?« fragt Salvatore, um die Störung von vorher vergessen zu machen.

»Das weiß man nicht: Ein Rätsel der Natur«, erwidert der Professor. »Manche meinen, Perikles, das politische Oberhaupt Athens, sei der Katalysator dieser Blüte der Künste gewesen ...«

»Der Katalysator?« wiederholt Saverio in der vergeblichen Hoffnung, Bellavista werde ihm das Wort erklären.

»Andere hingegen führen es auf den Charakter der Athener zurück«, fährt der Professor unbeirrt fort. »Stellt euch vor, die begeisterten sich so sehr für Wetten und Wettkämpfe, daß sie alle möglichen Wettbewerbe organisierten: Sie stellten zwei Maler, zwei Sänger, gelegentlich auch zwei Redner einander gegenüber, nur um zu sehen, wer von den beiden seine Kunst besser beherrschte.«

»Wie bei Tennisturnieren«, bemerkt Saverio.

»Wo wir gerade von Tennis reden, dieser McEnroe ist mir unsympathisch«, murmelt Salvatore und verzieht dabei den Mund. »Gestern hab ich ihn im Fernsehen gesehen, ein häßlicher Knilch!«

Alle schauen Salvatore wegen dieser erneuten Abweichung vom Thema tadelnd an.

»Einmal gab es einen Wettstreit zwischen den Malern Zeuxis und Parrhasios, der berühmt geworden ist«, fährt Bellavista fort, nachdem er Salvatore einen vernichtenden Blick zugeworfen hat. »Man errichtete eigens dafür mitten auf der Agora eine Holztribüne, damit das ganze Volk von Athen die Gemälde beurteilen konnte. Dem Reglement gemäß mußten beide Werke bis zum letzten Moment von roten Tüchern bedeckt sein und dann eines nach dem anderen dem Publikum gezeigt werden. Der Sieger sollte durch den heftigeren Applaus bestimmt werden. Das Los zwang Zeuxis, das Tuch als erster wegzuziehen. Sein Gemälde stellte eine Weintraube dar. Ja, und ob ihr's glaubt oder nicht, er hatte die Traube so naturgetreu gemalt, daß sich ein paar umherfliegende Vögel auf dem Bild niederließen und versuchten, sie anzupicken.«

»Donnerwetter!« ruft der Oberst aus.

»Da sagte Zeuxis, der sich schon als Sieger fühlte, zu seinem Gegner: ›Es tut mir leid für dich, Parrhasios, aber ich denke, diesmal hast du wohl verloren; doch ziehe auch du das

Tuch weg und laß uns dein Werk sehen.‹ – ›Das ist unmöglich‹, erwiderte Parrhasios, ›mein Tuch ist gemalt!‹«

»Da kann man mal sehen!« kommentiert Saverio. »Das war Kunst, was anderes als diese modernen Maler!«

»Ach, übrigens«, mischt sich Luigino ein, »ein Cousin von mir, der bei den Elektrizitätswerken ENEL als Gewerkschafter arbeitet, hat mir erzählt, daß sie nächsten Sonntag einen Betriebsausflug machen: Sie werden sich alle zusammen eine Ausstellung über moderne Kunst in der Villa Pignatelli anschauen. Und weil noch drei oder vier Plätze frei sind, könnte mein Cousin uns leicht einschleusen. Er meint, so gegen eins gibt's sogar ein Lunchpaket.«

»Und was ist das, ein Lunchpaket?« fragt Salvatore.

»Na, das Mittagessen halt«, erklärt ihm Luigino.

»Und was gibt's zum Mittagessen?« fragt Salvatore weiter.

»Mann, was willst du denn noch alles wissen?!« platzt es aus Luigino heraus. »Ist doch alles umsonst. Die bringen dich mit dem Bus zur Villa Pignatelli, zeigen dir die moderne Kunst, geben dir was zu essen, und du willst auch noch wissen, was in dem Lunchpaket drin ist! Weißt du, was mich interessieren würde? Wenn dir die Speisenfolge nicht zusagt, was machst du dann? Bleibst du zu Hause?«

»Nein, ich komme auf jeden Fall mit«, erwidert Salvatore ruhig. »Nur, wo mir schon die moderne Malerei nicht gefällt, hab ich gehofft, daß mir wenigstens das Lunchpaket gefällt.«

»Professore, sagen Sie mal ganz ehrlich«, wendet sich Saverio an Bellavista, »Ihnen ist die Malerei des 19. Jahrhunderts doch auch lieber, nicht wahr?«

»Na ja, ich bin auch inmitten von Ölgemälden mit Ansichten von Neapel und dem Golf aufgewachsen«, räumt Bellavista ein. »Mein Vater hat sich für die Schule von Posillipo begeistert. Von Zeit zu Zeit kam er, wie er immer sagte, mit einer ›Bombensache‹ nach Hause. Ein paar Tage lang zeigte er es niemandem, weil er Angst vor meiner Mutter hatte, die nicht wollte, daß ›das Geld zum Fenster rausgeschmissen wird‹. Dann ließ er uns Kinder einen Blick darauf werfen, sonst niemanden: Er stellte das Bild auf eine kleine Staffelei ganz hinten im Zimmer, brachte eine Lampe darüber an und ließ uns mit geschlossenen Augen hereinkommen. Beim Kommando ›Augen auf!‹ lächelte er uns an, als wolle er sagen: ›Seht ihr, was für eine tolle Sache ich da gefunden habe?‹«

»Wo wir gerade von Gemälden reden, Professore«, wirft Salvatore ein, »gestern hab ich drunten bei den Chalets in Mergellina erfahren, daß dort eine Familie, die Geld braucht, ein Bild von Mancini verkauft.«

»Von Antonio Mancini?«

»Weiß ich nicht, aber ich hab gehört, daß es ein wunderschönes Bild ist. Das Problem ist, daß das Familienoberhaupt, ein gewisser Bonajuto, es zwar verkaufen will, die Frau aber dagegen ist; die sagt, es ist eine Erinnerung an ihren Vater.«

»Und?«

»Wenn man es kaufen will, muß man eben hingehen, wenn sie nicht zu Hause ist. Falls Sie Interesse haben, kann ich mich mal erkundigen.«

Filiberto Bonajuto, Heraldiker und Fechtmeister, pflegte zu sagen: »Ich bin einer von denen, die den Zug des neunzehnten Jahrhunderts verpaßt haben und notgedrungen den des nächsten Jahrhunderts nehmen mußten, den des Computerzeitalters.« Sein Lieblingsfluch war: »Zum Teufel mit der Elektrizität und ihrem Erfinder! Was wären die Rolling Stones schon ohne die Elektrizität? Nichts, aber auch gar nichts!«

Bonajuto (»mit j bitte, nicht mit i!«) war auf seinem Gebiet eine unumstrittene Autorität: Einen x-beliebigen Nachnamen, vorausgesetzt, er war nicht ganz so verbreitet wie Esposito in Neapel, verwandelte er in den Namen eines angesehenen Geschlechts. Nicht einmal einen Monat brauchte er, um die Herkunft einer Familie bis in die 7. Generation zurückzuverfolgen und seinem Kunden zumindest den Nachweis der Verwandtschaft mit einer Nebenlinie eines vornehmen, aber verarmten Geschlechts zu liefern. Aus dem Familiennamen Gaudioso wurde, nach sorgfältiger Untersuchung, Claudioso, dann verwandelte er sich in Claudio und schließlich wurde sein Träger ein hundertprozentiger Nachkomme der Familie des Claudius und des Kaisers Tiberius höchstpersönlich; das Ganze wurde auf Pergament bescheinigt, von einem ehemaligen Notar beglaubigt, mit einem Adelswappen geschmückt und mit freundlichster Empfehlung von Filiberto Bonajuto ausgehändigt. Trotz alledem ging das Geschäft schlecht, und er mußte gelegentlich irgendetwas von der Einrichtung seines Hauses verkaufen: das eine Mal einen Teppich, ein andermal ein Bild. Jetzt war der Mancini dran.

»Wo kenne ich mich aus? Beim Fechten. Und, werter Professore, haben Sie vielleicht in letzter Zeit mal irgendetwas davon gehört, daß jemand einen Fechtmeister für ein Duell bräuchte? Nein? Kein Wunder, schließlich leben wir im Zeitalter der Hinterhalte und Berufskiller, heute rechnet man mit Maschinengewehrsalven ab, und ich gebe zu, auf dem Gebiet bin ich ein Banause. Mit einer Kalaschnikow kann ich nicht umgehen. Ich könnte Unterricht geben in gutem Benehmen, was weiß ich, vielleicht die Technik des Handkusses lehren, oder die Regeln der Ritterlichkeit nach Jacopo Gelli? Aber wem denn? Etwa der Signora Ammaturo, die das Elektrogeschäft in der Duchesca hat, oder ihrem Töchterchen, das sich jeden Abend in der Diskothek mit ihren *Punk*-Freunden trifft? Nein danke, lieber nicht: ich leb halt im falschen Jahrhundert, und das hat seine Konsequenzen.«

Bellavista hört sich den Erguß des Experten für Heraldik an und wartet ungeduldig darauf, daß er ihm endlich das berühmte Bild von Mancini zeigt. Hier, im Eßzimmer des Fechtmeisters, ist es nicht zu sehen. An den Wänden verblassen nur zwei wertlose Drucke und ein Kalender mit einer Ansicht von Venedig, der noch trister wirkt.

Mit den Worten: »Also, zeigen Sie mir nun den Mancini?« geht Bellavista zum Angriff über.

»Sofort«, erwidert der alte Herr und erhebt sich würdevoll. »Wenn Sie so freundlich wären, mir zu folgen.«

Bonajuto öffnet die Tür zum Wohnzimmer, macht einen Schritt nach vorn und bleibt auf der Schwelle stehen. Im Zimmer ist es ziemlich dunkel, nur eine kleine Lampe brennt, sie beleuchtet ein Bild, das an der gegenüberliegenden Wand hängt.

»Da haben Sie es: Antonio Mancini, *Die Krankenschwester.* Öl auf Leinwand, signiert, aus dem Jahre 1883, als der Meister sich im Irrenhaus befand. Die Frau auf dem Bild ist seine Pflegerin.«

Filiberto Bonajuto macht Licht und nimmt das Bild von der Wand, damit Bellavista es besser sehen kann.

Nun, ehrlich gesagt, der Professor hatte sich immer einen Mancini gewünscht. Leider hatten es ihm die marktüblichen Preise nie erlaubt, einen zu erwerben.

»Ich weiß nicht, ob ich ihn mir leisten kann«, beginnt Bellavista bekümmert. »Aber fragen kostet ja nichts. Was wollen Sie dafür?«

»Ich will offen mit Ihnen sein, Professore, so gibt es keine Mißverständnisse, und wir können schnell einig werden. Das ist ein echter Mancini, ein Geschenk von Antonio Mancini selbst an meinen Schwiegervater, der ihn im Irrenhaus besucht hat. Es ist auch ein liebgewonnenes Familienandenken, aber das braucht Sie nicht zu kümmern.«

»Ja, das ist mir alles klar. Aber wenn es zu teuer ist...«

»Sie haben Glück«, fährt Bonajuto fort, »es handelt sich nur um eine Skizze, die vielleicht nicht einmal ganz fertiggestellt wurde, deshalb ist es relativ preisgünstig: Zwei Millionen und es gehört Ihnen. Ja, wenn es ein richtiges Gemälde wäre, wenn der Künstler es vollendet hätte, dann könnten Sie es nicht mal für hundert Millionen mitnehmen; aber wie ich Sie einschätze, sind Sie nicht der Typ Mensch, der sich von so was beeinflussen läßt: Vollendetes Werk oder Skizze, es ist in jedem Fall ein Mancini, es zeugt von einem Genie, das sich vielleicht gerade in jenen Jahren des Wahnsinns an seinem Gipfelpunkt befand.«

»Ich hab mir ja gedacht, daß es zu teuer für mich sein würde«, seufzt Bellavista, ehrlich enttäuscht. »Ich fürchte, ich werde darauf verzichten müssen! Im Moment kann ich einfach nicht mehr als eine Million für ein Bild ausgeben, auch wenn es ein Mancini ist.«

»Eine Million?« erwidert Bonajuto betrübt. »Das scheint mir offen gesagt etwas wenig, damit könnte ich ja nicht mal meine dringendsten Schulden bezahlen. Ja, und dann opfere ich auch noch den Familienfrieden, wenn ich den Mancini verkaufe. Was dann los ist, kann ich Ihnen gar nicht erzählen, da würd ich Ihnen nur einen Schreck einjagen. Meine Frau war immer dagegen, das Bild zu verkaufen. Mir klingt noch in den Ohren, wie sie sagt: ›Das Bild ist eine Erinnerung an meinen Vater, von mir aus verkaufen wir alles, nur nicht den Mancini von Papa.‹ Aber Schritt für Schritt hab ich sie, in mühevoller Kleinarbeit, schon fast so weit gebracht. Und jetzt, heute abend, wenn die arme Frau nach Hause kommt und den hellen Fleck an der Wand sieht... Professore!«

Bellavista, der ganz auf das Bild konzentriert ist, hört ihm gar nicht zu.

»Professore«, wiederholt Bonajuto, um Bellavistas Aufmerksamkeit zu erregen. »Sehen Sie den hellen Fleck an der Wand? Sie können mir ruhig glauben: Da wird's Krach geben, heute abend!«

Endlich löst Bellavista den Blick von dem Bild und schaut auf den Fleck an der Wand. Wenn er sich das Bild auch sehnlichst wünscht, so hat er doch Gewissensbisse wegen der Signora Bonajuto.

»Also, Professore«, fährt der Fechtmeister fort, »wenn wir das Geschäft abschließen wollen, dann müssen wir es gleich machen, bevor meine Frau nach Hause kommt. Maria kann jeden Augenblick hier sein, und ich möchte nicht, daß sie uns stört, während wir noch verhandeln.«

»Wissen Sie, ich bezweifle gar nicht, daß das Bild für Sie und Ihre Frau einen großen persönlichen Wert hat. Aber meine finanziellen Verhältnisse lassen es im Moment einfach nicht zu, daß ich mehr ausgebe als die Summe, die ich Ihnen bereits genannt habe. Ich könnte im äußersten Fall noch zweihunderttausend zulegen.«

»Aber wie können Sie mir so ein Angebot machen, Professore, eine Million zweihunderttausend!« jammert Bonajuto. »Das ist ein Mancini! Ich ersuche Sie ergebenst, das Bild noch einmal sorgfältig zu betrachten. Hier zum Beispiel: Sehen Sie den Pinselstrich des Wahnsinnigen?«

»Wo?«

»Hier, Professore. Schauen Sie sich den Kittel an! Das ist keine Routinearbeit: Da wird eine Säbelspitze voll Bleiweiß hingeknallt, werden Farbkleckse auf die Leinwand geschleudert! Wertester Professor, was Sie sehen, ist der gemalte Wahnsinn, der Hilferuf eines Gefangenen, den es nach Freiheit dürstet. Stellen Sie sich einen Vulkan eine Minute vor dem Ausbruch vor und Sie kriegen eine Vorstellung davon, wie Mancini sich an jenem Tag gefühlt haben muß.«

»Also gut«, murmelt Bellavista, der jetzt drauf und dran ist zu kapitulieren, »sagen wir eine Million dreihunderttausend Lire, und sprechen wir nicht mehr davon. Wir haben schon bald Sommer, und da kommt wieder das Problem mit dem Urlaub auf mich zu...«

Der Professor ist mit der Begründung für dieses Angebot noch nicht fertig, als hinter ihm eine Frau mittleren Alters erscheint, die ziemlich ärmlich gekleidet ist. Sie trägt ein dunkelgraues Mäntelchen, hat einen jämmerlichen Fuchspelz um den Hals geworfen und eine schwarze Ledertasche in den Händen. Sie bleibt in der Wohnzimmertür stehen, schaut aus tränenfeuchten Augen die beiden Männer einige Sekunden lang schweigend an und fragt dann mit äußerster Ruhe:

»Filiberto: Verkaufst du etwa den Mancini von Papa?«

»Nein«, antwortet Filiberto. »Ich hab ihn dem Herrn nur gezeigt.«

»Du Mistkerl! Du bist gerade dabei, den Mancini von Papa zu verkaufen!« beharrt die Signora Maria, jetzt deutlich lauter.

»Wir waren gerade beim Handeln.«

Als sie das hört, schleudert die Signora Maria mit einer unerwarteten Bewegung ihre Tasche zur Seite und stürzt sich auf ihren Mann, um ihm das Bild zu entreißen.

»Du Scheißkerl, den Mancini verkaufst du mir nicht! Da mußt du vorher schon mich umbringen!«

Bonajuto ist auf der Hut: Mit einem schnellen Schritt zur Seite reicht er Bellavista das Bild, blockt seine Frau ab, drückt sie gewaltsam gegen die Wand und schreit:

»Professore, legen Sie einen Scheck über eineinhalb Millionen auf den Tisch und nehmen Sie das Bild mit... aber machen Sie schnell... gehen Sie, lange kann ich sie nicht mehr zurückhalten... nehmen Sie das Bild...«

»Und hier stehen wir vor einem der bedeutendsten Vertreter der zeitgenössischen Kunst, Alberto Burri.«

Professor Salemi, der Experte für moderne Kunst, der die Aufgabe übernommen hat, die Teilnehmer an dem Betriebsausflug der ENEL durch die Ausstellung zu führen, bleibt ein paar Meter vor einem Bild stehen, das aus einem auf die Leinwand aufgeklebten Sack mit einem Dutzend Flicken besteht.

»Falls es einem von Ihnen nicht bekannt sein sollte«, fährt Salemi fort, »Alberto Burri hat zusammen mit Ballocco, Capogrossi und Colla die erste authentische Bewegung in der italienischen Malerei, die den Verzicht auf die Gegenständlichkeit zur Grundlage hat, ins Leben gerufen...«

»Verzeihen Sie, Professore«, unterbricht ihn einer aus der Gruppe, »wie heißt denn das Bild?«

»*Der große Sack:* eine Arbeit aus den fünfziger Jahren«, erläutert Salemi bereitwillig.

Alle finden den Titel äußerst treffend und nicken zustimmend; der eine oder andere betrachtet das Werk mit halbgeschlossenen Augen, um besser erfassen zu können, was es bedeutet. Währenddessen gibt Professor Salemi weitere Erläuterungen.

»Kann man Burri verstehen? Nun, meine Herren, konzentrieren Sie sich doch bitte auf das Gemälde, bis Sie in Ihrem Innersten all die Beklemmung spüren, der der Künstler Ausdruck verleihen wollte. Beachten Sie vor allem die Risse in der Leinwand, die teerverkrusteten Wunden, das Weiß des Ätzkalks, die tote, zerrissene Materie, vielleicht gelingt es Ihnen dann, das Wesen dieses Kunstwerks zu erfassen, das die Kritiker zu Recht als eine ›Ikonographie des Leidens‹ bezeichnen.«

Die Betrachter versuchen sich, jeder so gut er kann, zu konzentrieren. Auch Saverio und Luigino blicken unverwandt auf das Bild, bemühen sich redlich, hinter seinen Sinn zu kommen; da bemerkt Saverio aus dem Augenwinkel, daß Salvatore den berühmten Kunstführer etwas fragen will.

»He, was hast du vor?«

»Nichts«, erwidert Salvatore. »Ich wollte den Professore nur bitten, mir etwas zu erklären.«

»Du hältst besser den Mund!« erwidert Saverio entschieden. »Nachher, wenn wir allein sind, reden wir darüber!«

Der Gewerkschafter, der sie eingeladen hat, hatte die drei Freunde dringend gebeten, sich so zu verhalten, daß sie keinem der leitenden Angestellten auffielen. »Kinder, gebt bitte nicht überall euren Senf dazu und reißt vor allem keine albernen Witze.«

»Und nach Burri kommen wir jetzt zu Fontana«, verkündet Salemi und erstarrt vor Ehrfurcht. Offensichtlich ist Fontana einer seiner Lieblingskünstler.

Die Besuchergruppe verteilt sich so gut es geht um das

Werk, und ein paar Sekunden lang wagt keiner auch nur Luft zu holen. Das Bild, auf das sie aufmerksam gemacht wurden, besteht aus einer beigen Leinwand, in deren Zentrum der Künstler, wahrscheinlich mit einer Rasierklinge, einen diagonalen Schnitt vorgenommen hat. Saverio, Salvatore und Luigino betrachten schweigend den Schnitt und werfen sich verständnisvolle Blicke zu.

»Wenn man von Fontana spricht«, beginnt Salemi, »ist der Begriff Malerei unangebracht. Ja, sagen wir es doch einmal so, wie es ist: Es wäre besser, sich ein für allemal einzugestehen, daß bei diesem Künstler eine Trennung zwischen Malerei, Bildhauerei und Graphik nach dem traditionellen Verständnis dieser Begriffe nicht möglich ist. Fontana selbst zieht es in seinem *Manifesto blanco* vor, sich außerhalb jeder traditionellen Einteilung zu stellen.«

Salvatore hält es nicht mehr aus: Er will etwas sagen, aber in diesem Moment wendet sich Professor Salemi an ihn. »Nun könnten Sie mich fragen: ›Wenn es kein Gemälde ist, was ist es dann?‹«

»Genau, Professore: Sie haben mir das Wort aus dem Mund genommen«, ruft Salvatore aus, glücklich darüber, daß Salemis Frage es ihm erlaubt, endlich etwas zu sagen. »Was ist es nun eigentlich?«

»Es ist ein räumliches Konzept.«

»Ist das der Titel?«

»Nein, der Titel lautet: *Die Erwartung.«*

»Und wie heißt das dort?« fragt Salvatore mit Blick auf das nächste Bild, das sogar fünf Schnitte aufweist.

»Die Erwartungen.«

»Ah, im Plural!«

»Ja, ebenfalls ein räumliches Konzept«, betont Salemi.

»Hat denn dieser Fontana sein Leben lang nur Schnitte gemacht, Professore?« fragt Salvatore weiter.

»Keineswegs«, erwidert Salemi. »Es gibt von ihm auch eine Löcherreihe.«

»Aha, Löcher und Schnitte«, folgert Salvatore.

»Ich hab dir doch gesagt, du sollst den Mund halten!« flüstert ihm Saverio ins Ohr und zieht ihn am Arm hinter die anderen zurück.

»Was willst du denn?« protestiert Salvatore. »Der Professor hat mich gefragt, und ich hab geantwortet.«

Mittlerweile ist die Gruppe im nächsten Saal angekommen. Luigino weicht ihrem Führer nicht von der Seite, während Saverio und Salvatore ganz hinten bleiben und streiten.

»Wenn du so weiter machst, fliegen wir noch alle drei raus, und das Freßpaket geht uns durch die Lappen!« schimpft Saverio. »Kapierst du denn nicht, daß wir hier eigentlich nichts zu suchen haben?«

»Manchmal überkommt es mich einfach.«

»Dann reiß dich am Riemen! Meinst du, mich überkommt's nicht auch ab und zu? Ich komm mir schon wie der letzte Idiot vor!« erwidert Saverio. »Aber wie du siehst, halt ich den Mund. Ich beiß die Zähne zusammen und schluck's runter!«

»Weißt du, ich bin auch ein bißchen müde«, beklagt sich Salvatore. »Und ich versteh einfach nicht, warum in Museen nie Stühle stehen, für Leute, die sich mal ausruhen wollen.«

»Nur keine Panik!« beruhigt ihn Saverio. »Noch ein Saal, dann geht's zum Essen.«

Er hat den Satz noch nicht zu Ende gebracht, da kommt Luigino mit verdrehten Augen auf sie zu.

»Also, Kinder, ihr kommt nie drauf, was es im nächsten Saal zu sehen gibt: ein Badezimmer!«

Salvatore und Saverio gehen, neugierig geworden, weiter, und kaum haben sie die Schwelle zum nächsten Saal überschritten, sehen sie schon auf der rechten Seite ein richtig echtes Badezimmer, das an der Wand lehnt. Es fehlt wirklich nichts: Da ist eine Badewanne, ein hellblauer Vorleger, die Fliesen an der Wand, ein Mülleimer und sogar ein gelbes Handtuch.

»Tom Wesselmann: *Badewanne, Collage Nr. 3*«, erläutert Professor Salemi mit einem gewissen Stolz. »Wesselmann ist eine herausragende Erscheinung in der amerikanischen Pop-Art. Der Künstler versteht seine Montage von dreidimensionalen Gemälden und alltäglichen Gegenständen als satirischen Angriff auf den Massenhedonismus. Er hat sich hierzu der Methode des *combine painting* bedient, das heißt eines Gemisches aus Malerei und Collage, das ...«

Salemi bricht, von empörten Rufen hinter seinem Rücken gestört, mitten im Satz ab. Alle drehen sich um und sehen, wie einer der Museumswärter der Villa Pignatelli wütend auf Salvatore einredet, der auf einem alten Stuhl sitzt.

»Haben Sie jetzt verstanden oder nicht, daß Sie da nicht sitzen dürfen?«

»Nur einen Augenblick, ich steh gleich wieder auf«, antwortet Salvatore. »Wissen Sie, ich bin einfach ein bißchen müde.«

»Dann setzen Sie sich doch auf eine der Bänke am Eingang. Hier können Sie nicht hocken bleiben: Das ist ein Kunstwerk.«

»Wie bitte, ein Kunstwerk?«

»Jawohl, mein Herr, ein Kunstwerk!« wiederholt der Museumswärter, jetzt noch wütender. »Sehen Sie die Kette nicht, mit der der Stuhl an dem Bild dahinter befestigt ist? Wenn Sie's nicht glauben wollen, lesen Sie mal, was hier steht!«

Salvatore dreht sich ohne aufzustehen herum und liest das Schild an der Wand:

»Robert Rauschenberg: *Pilgrim,* 1960. Und was heißt das?«

»Das heißt, daß Sie jetzt gefälligst aufzustehen haben!« brüllt der Museumswärter. »Es ist ein Elend mit diesen Stühlen. Jeder, der hier reinkommt, aber auch jeder, setzt sich drauf!«

»Wissen Sie, wie man das verhindern könnte? Legen Sie

doch einfach ein Schild drauf«, schlägt Salvatore vor. »Und auf das Schild schreiben Sie: ACHTUNG, DIES IST KEIN STUHL, SONDERN EIN KUNSTWERK!«

»Mann, Salvatò, nimm doch endlich Vernunft an!« beginnt Saverio auf ihn einzureden. »Du verstehst gar nichts, weil du nur fünf Jahre zur Schule gegangen bist, ich versteh nicht viel mehr davon, weil ich's auch nur auf acht gebracht hab, aber die da haben alle Kunstkritik studiert... lesen die ›Repubblica‹... Meinst du wirklich, zwei Banausen wie wir verstehen mehr davon als die ganzen gebildeten Leute, die außerdem auch noch reich sind und sich so was leisten können? Ich sag dir: Wenn so viele Studierte sagen, daß die moderne Malerei wichtig ist, dann muß einfach was Wahres dran sein, dann müssen die Maler da wirklich Künstler sein.«

»Du meinst also, wenn ich studiert hätte, dann würde mir das Bild mit dem Stuhl gefallen?«

»Sicher, dann würd's dir gefallen«, stellt Saverio fest, »weil du dann die Botschaft erkannt hättest, die drinsteckt.«

»Die Botschaft des Stuhls?«

»Genau.«

»Wenn du mich fragst, das Ding mit dem Sack hätte mir gefallen können. Aber das mit dem Stuhl, nein, nicht mal, wenn ich mein Leben lang studieren würde.«

»Ach, du hast doch keine Ahnung!« ruft Saverio aus. »Benutz doch mal deinen Verstand. Glaubst du, daß in den letzten achtzig Jahren, seit es diese Art von Kunst gibt, niemand gemerkt hätte, daß das alles ein riesiger Schwindel ist? Also finden wir uns damit ab und geben zu, daß wir diejenigen sind, die es nicht verstehen.«

Das Gespräch findet in der Wohnung von Professor Bellavista statt. Salvatore, Saverio und Luigino haben haarklein über ihren Rundgang durch die Ausstellung für moderne Kunst berichtet.

»Schade, daß Sie nicht dabei waren, Professore«, meint

Salvatore. »Es hätte Ihnen bestimmt Spaß gemacht. Mir hat diese Ausstellung jedenfalls besser gefallen als die über die Kunst des siebzehnten Jahrhunderts, die wir uns letztes Jahr in Capodimonte angeschaut haben. Dort hat's zu viele Heilige, zu viele religiöse Bilder gegeben. War fast wie in der Kirche! Die Ausstellung heute war viel lustiger und lebendiger.«

»Hören Sie nicht auf ihn, Professore«, mischt sich Saverio ein. »Der hat überhaupt nichts kapiert: Ständig wollte er den Führer unterbrechen, bloß um ihn ein bißchen aufzuziehen, und der war schließlich ein ganz berühmter Professor. Wenn ich ihn nicht zurückgehalten hätte ...«

»Ich habe überhaupt niemanden aufziehen wollen, Professore!« beteuert Salvatore seine Unschuld. »Ich wollte die Sachen nur verstehen, das ist alles. Ich möchte schrecklich gern wissen, was Sie von moderner Kunst halten.«

»Na ja«, beginnt Bellavista nach kurzem Nachdenken. »Das ist eine schwierige Frage, auch wenn's gar nicht so aussieht. Die Kunst, das ist meiner Meinung nach eines der Mittel, mit deren Hilfe der Mensch mit seinen Mitmenschen kommunizieren kann. Ein Maler, ein Bildhauer, ein Musiker oder, warum nicht, auch ein Schriftsteller, sie alle versuchen, durch die Kunst denen eine Idee oder ein Gefühl zu vermitteln, die ihnen zuhören, den Konsumenten, wie man heute wohl sagen würde. Ich behaupte daher, daß immer dann, wenn es zu einer Übertragung von Gefühlen kommt, Kunst im Spiel ist, wenn hingegen nichts beim Betrachter ankommt, dann hat das Ganze nichts mit Kunst zu tun.«

»Das heißt dann also«, wirft Salvatore ein, »da ich überhaupt nichts gespürt hab, als ich vor dem Bild mit den Schnitten stand, vor dem von ...«

»... von Fontana«, ergänzt Saverio.

»... von Fontana«, wiederholt Salvatore, »wenn ich da nichts gespürt hab, dann hat keine Übertragung stattgefunden, und folglich ist das keine Kunst?«

»Genau«, bestätigt der Professor. »Lucio Fontana, das ist für Salvatore sicher keine Kunst, es kann aber durchaus für Bellavista Kunst sein.«

»Das versteh ich nicht, ist es nun Kunst oder nicht?«

»Salvatò, im alten Griechenland gab es einen Philosophen, der die Existenz der Wahrheit, einer einzigen, für alle verbindlichen Wahrheit geleugnet hat. Das war Protagoras aus Abdera. Dieser Protagoras hat gesagt: ›Der Mensch ist das Maß aller Dinge, des Seienden für sein Sein, des Nichtseienden für sein Nichtsein.‹«

»Und was heißt das?« will Salvatore wissen.

»Siehst du, du verstehst nicht, was er damit sagen will!« ruft Saverio aus. »Das kommt davon, daß du nicht studiert hast.«

»Protagoras wollte sagen«, erklärt Bellavista, »daß jeder von uns der Mittelpunkt des Universums ist. Jeder von uns kann entscheiden, was ist und was nicht ist. Wenn für dich Fontana nicht mehr ist als ein Wandale, der mit Rasierklingen Bilder zerschneidet, um seine Mitmenschen auf den Arm zu nehmen, dann gibt Protagoras dir recht. Er sagt dir: ›Salvatò, Fontana ist keine Kunst.‹ Aber zugleich gibt er auch mir recht, wenn ich jedesmal beim Betrachten eines Bildes von Fontana eine seltsame Empfindung habe, wie sie etwa ein Vogel haben könnte, der zwischen Himmel und Erde umherfliegt.«

»Also nein, Professore«, protestiert Salvatore und erhebt sich von seinem Stuhl. »Jetzt versuchen Sie aber, mir was vorzuschwindeln. So ein Gefühl haben Sie doch gar nicht. Nein, ich bin überzeugt, daß alle, die gestern die Ausstellung angeschaut haben, genau der gleichen Meinung waren wie ich, nur daß sie nicht den Mut gehabt haben, es zu sagen. Sogar Saverio, der keine Ahnung von Kunst hat und nicht mal zehntausend Lire für ein Bild hinlegen würde, hat scheinheilig, wie ich es bei ihm noch nie erlebt hab, zu dem Professore, der uns geführt hat, gesagt: ›Wirklich sehr beeindruckend, dieser Fontana!‹«

»Na und?« beginnt Saverio sich zu rechtfertigen. »Das hab

ich nur gesagt, um ihn zufriedenzustellen. Ich hab gemerkt, daß er für diesen Maler eine Schwäche hat, und da wollte ich ihm, na ja...«

»Einen Gefallen erweisen«, schlägt Bellavista vor.

»Ja, genau. Einen Gefallen erweisen wollte ich ihm«, wiederholt Saverio. »Und noch was anderes: Ist euch klar, was für ein furchtbares Leben dieser Fontana gehabt haben muß?«

»Wie meinst du das?« will Salvatore wissen.

»Na, stellt euch doch nur vor, wie sich seine Freunde über ihn lustig gemacht haben müssen, als er noch jung und unbekannt war.« Und jetzt schlüpft Saverio in die Rolle eines hypothetischen Freundes von Fontana: »›Lucio, was hast du heute gemacht? Wieder ein Bild? Hast dich müde gearbeitet?‹ und alle brechen in Gelächter aus. Auch mit dem Hausmädchen wird er Schwierigkeiten gehabt haben. Ich stelle mir vor, wie er zu ihr sagt: ›Caterì, in meinem Atelier darfst du nie etwas wegwerfen; auch wenn mal eine kaputte Leinwand herumliegt, schmeiß sie nicht weg, sie kostet Millionen!‹«

»Wirklich, Professore, diese modernen Künstler sind übel dran, solange sie nicht berühmt sind!« kommentiert Salvatore. »Was ich mich frage, ist, wie zukünftige Generationen damit klarkommen.«

»Zukünftige Generationen?« wiederholt Saverio verständnislos.

»Ja, zukünftige Generationen, die Menschen im Jahr 3000. Ich erklär euch das mit einem Beispiel. Vor einiger Zeit habe ich im ›Mattino‹ gelesen, daß unter dem Schutt einer verfallenen Villa ein Bild von Raphael gefunden wurde. Der Maurer, der's entdeckt hat, hat auch einen anständigen Finderlohn gekriegt. Jetzt nehmen wir mal an, im Jahr 3000 würde man unter den Trümmern der Villa Pignatelli ein Bild von Wassermann finden...«

»Von Wesselmann«, korrigiert Bellavista.

»Ja, von Wesselmann... der mit dem Badezimmer, von

dem ich vorhin erzählt hab. Was würde der Maurer im Jahr 3000 denken? Daß er da ein Kunstwerk gefunden hat oder ein kaputtes Klo?«

»Daß er ein kaputtes Klo gefunden hat«, antwortet Bellavista lächelnd.

»Und so würde er nicht mal Finderlohn kriegen!«

»Also, noch einmal: Wenn ich den rechten Arm auf den Tisch stütze, keinen Ton mehr, das heißt, daß der *Mazzone** angebissen hat; wenn ich mir die Brille zurechtrücke, wartet Saverio bis ›zum zweiten‹ und macht dann auch noch ein Gebot; und wenn ich schließlich das Taschentuch rausziehe und mir den Schweiß abwische, bietet ihr drauflos, bis ich es wieder einstecke. Euer Sitzungsgeld beträgt wie immer zehntausend pro Kopf, für den Oberst, der in Uniform kommt, sind es fünfzehntausend, und dazu kommt die Prämie, wenn die Sache gut läuft.«

Der Auktionator Alfredo Avitabile zählt, mehr aus Gewohnheit als aus irgendeinem anderen Grund, mit monotoner Stimme die vereinbarten Gesten auf: Seit über zwei Jahren arbeitet er mit denselben Leuten zusammen, er könnte sich also die Lektion über die Verständigungszeichen sparen. Der Auktionssaal ›La tavolozza del Golfo‹ ist eine Institution, die allen Anwohnern des Corso Garibaldi hinreichend bekannt ist. Kein rechtschaffener Neapolitaner würde hier jemals ein Bild kaufen, aber die Leute, die vom Land nach Neapel kommen, sind für diese Art von Geschäften besonders anfällig: Früher oder später werden sie von der Stimme des Auktionators, die durch eine Lautsprecheranlage auch auf den Gehsteig vor dem Haus übertragen wird, hereingelockt, und wenn sie erst mal eingetreten sind, schlagen Donn'Alfredos eindringliche Beschreibungen sie in ihren Bann.

* *Mazzone*, kleiner Fisch im Golf von Neapel, der sehr leicht anbeißt; im Jargon etwa soviel wie ›Einfaltspinsel‹.

Die Männer, denen der Auktionator eben seine Anweisungen erteilt hat, verteilen sich strategisch geschickt im Raum, um ihre Scheingebote zu machen: Vier von ihnen setzen sich in die ersten zwei Reihen, drei bleiben ganz hinten stehen, um den Eindruck zu erwecken, der Saal sei überfüllt. Donn'Alfredo beginnt mit der Versteigerung des ersten Stückes, und seine ›Mitarbeiter‹ machen ohne großes Interesse ihre Gebote. Es ist noch kein *Mazzone* da, und so brauchen sie noch keinen allzu großen Einsatz zu zeigen.

»Und nun, meine Herren, bitte ich sie, vor einem der bedeutendsten Werke der neapolitanischen Malerei des neunzehnten Jahrhunderts den Hut zu ziehen!« Jetzt klingt die Stimme von Donn'Alfredo gebrochen, wie vom Gefühl überwältigt. »Hier habe ich für Sie einen Palazzi aus der ersten Phase: *Die Rückkehr zum Brunnen.* Bitte achten Sie darauf, mit welcher Eleganz die junge Bäuerin die Kupferkanne auf dem Kopf balanciert, bewundern Sie das rabenschwarze Haar des Mädchens, die Lichtreflexe auf der Amphore, die Üppigkeit der blühenden Natur, die der dahinschreitenden Jugend Spalier zu stehen scheint...«

»Ich halt das nicht mehr aus mit dieser *Rückkehr zum Brunnen*«, flüstert Salvatore Saverio zu. »Wenn ich Geld genug hätte, würd ich sie kaufen, bloß, um Donn'Alfredos Geschwätz von den Lichtreflexen auf der Amphore nicht weiter anhören zu müssen.«

»Mann, bist du vielleicht empfindlich geworden!« ruft Saverio aus. »Mach's doch wie ich. Ich hör schon gar nicht mehr hin, auch beim Steigern komm ich mir vor wie ein Roboter: Meine Gebote mach ich ganz mechanisch, ich warte nur noch darauf, daß es acht wird, damit ich meine zehntausend Lire holen und nach Haus gehn kann...«

»He, paß auf!« unterbricht ihn Salvatore. »Da kommt unser *Mazzone!*«

»Hunderttausend«, bietet Saverio sofort.

»Hundertzwanzigtausend«, erhöht Salvatore.

»Hundertzwanzigtausend?« wiederholt Donn'Alfredo voller Verzweiflung das letzte Gebot. »Also, wenn Sie mich dem Hungertod preisgeben wollen, dann sagen Sie's gleich, und wir vergessen die Sache! Schon der Rahmen allein kostet zweihunderttausend Lire! Vielleicht haben Sie's ja nicht bemerkt, aber das ist ein Rahmen des ausgehenden neunzehnten Jahrhunderts, verziert mit feinstem Blattgold, so wie es damals üblich war. Heute würde man mehr als dreihunderttausend Lire dafür hinlegen, vorausgesetzt natürlich, man findet überhaupt jemanden, der das noch kann!«

»Hundertvierzigtausend«, bietet Saverio.

»Hundertfünfundvierzig«, erhöht Salvatore sofort.

»Hundertfünfzig«, ruft der Oberst mit erhobenem Arm.

»Hundertfünfundfünfzig.«

Das letzte Gebot hat der *Mazzone* gemacht. Er trägt einen graumelierten Anzug, ein Mann in den Vierzigern. Die rosa Karos seines Hemdes beißen sich mit den blauen Pünktchen seiner Krawatte. Er hat die Hand noch gar nicht richtig gehoben, da tut es ihm schon leid. Zu seinem Pech tritt im Versteigerungssaal, wo es eben noch lebhaft, ja kämpferisch zuging, jetzt völlige Ruhe ein. Donn'Alfredos rechte Hand liegt auf dem Tisch, und wie vereinbart bietet niemand mehr. In dem beinahe andächtigen Schweigen ist nur die Stimme des Auktionators zu hören, der erbarmungslos *Die Rückkehr zum Brunnen* an den Mann bringt. »Hundertfünfundfünfzigtausend zum ersten... hundertfünfundfünfzigtausend zum zweiten... hundertfünfundfünfzigtausend zum dritten! Ich gratuliere, mein Herr, Sie haben einen großartigen Fang gemacht, einen echten Palazzi!«

»Gott sei Dank!« seufzt Salvatore auf. »Wären wir also auch die *Rückkehr zum Brunnen* los!«

»Weißt du, Salvatò«, meint Saverio. »Ehrlich gesagt tut's mir fast leid. Das Bild ist mir direkt ein bißchen ans Herz gewachsen. Ich weiß auch nicht recht: Der Lichtreflex auf der Amphore fing an, mir zu gefallen!«

Rachelina steht mit vor Aufregung gerötetem Gesicht mitten im Hof, um sie herum ein Dutzend Frauen, die versuchen, sie zu trösten. Sie hat ihnen eben geschildert, welches Mißgeschick ihr zugestoßen ist, als sie den Professor in Richtung Aufzug vorbeigehen sieht.

»Professore«, ruft sie mit Tränen in den Augen, »wissen Sie schon, was mir passiert ist?«

»Was ist dir denn passiert?« fragt Bellavista.

»Man hat mich ausgeraubt!«

»Aha, dir hat einer die Handtasche weggerissen«, meint Bellavista. »Wie oft habe ich dir gesagt, daß du nicht mit der Handtasche durch die Stadt laufen sollst!«

»Nein, Professore, so ist es nicht gewesen. Man hat mich ausgeraubt, es war, wie man so schön sagt, ein bewaffneter Überfall!«

»Ein bewaffneter Überfall!?«

»Ja, der war mit einem Taschenmesser bewaffnet.«

»Jesus Christus: Was da alles hätte passieren können«, gibt die Hausmeistersfrau aus dem Haus gegenüber zu bedenken. »Ich versteh's ja, wenn sie feine Damen ausrauben: Die laufen mit ihren Pelzen und Brillanten herum, da ist es doch kein Wunder, wenn einer auf dumme Gedanken kommt! Aber eine einfache Frau wie unsere Rachelina, also nein. Wohin soll denn das bloß noch führen?!! Jetzt müssen wir auch schon Angst haben!«

»Professore«, beginnt Rachelina mit weinerlicher Stimme zu erzählen. »Ich bin für die Schwestern Finizio einkaufen gegangen, Sie wissen ja, die sind ziemlich knauserig, die würden am liebsten gar nichts ausgeben, und deshalb haben sie mir auch das Geld für die Sachen, die ich kaufen sollte, genau abgezählt mitgegeben. Aber das ist jetzt gleich, ich war also unterwegs zum Gemüsehändler, wegen zwei Kilo Tomaten, da hab ich was Spitzes im Rücken gespürt, ungefähr an den Nieren. Sehen Sie bloß: Hat mir sogar das Kleid aufgeschlitzt, der Dreckskerl!«

Rachelina dreht sich um und zeigt einen kleinen Schlitz im Kleid ziemlich tief unten am Rücken. Die Freundinnen sind entrüstet, und die Signora Carotenuto, eine Schneiderin, die Heimarbeit macht, bietet sofort an, den Schaden zu reparieren.

»Rachelì, meine Gute, mach dir keine Sorgen. Das Kleid bring ich dir wieder in Ordnung. Du kommst gleich mit zu mir, und ich näh dir's fein säuberlich wieder zusammen. So, daß man überhaupt nichts mehr sieht.«

»Aber wie ist das denn passiert?« fragt der Professor.

»Das wollt ich Ihnen gerade erzählen«, fährt Rachelina fort. »Als ich die Messerspitze im Rücken gespürt hab, hab ich mich umgedreht und einen jungen Kerl gesehen, 'nen Studenten, das hab ich gleich gemerkt.«

»So, ein Student?« fragt die Schneiderin.

»Ja«, erwiderte Rachelina, »er hat nämlich eine Brille aufgehabt, und trotzdem war er ein Spitzbube! Also, ich hab mich umgedreht, und da sagt er zu mir: ›Los, her mit dem Geld, oder ich bring dich um!‹«

»Und was hast du gemacht?« erkundigt sich die Schneiderin.

»Ich hab erst mal gesagt: ›Ich hab keine einzige Lira dabei‹, und da hat er mir gedroht: ›Dann bring ich dich um.‹ Da hab ich's mit der Angst zu tun gekriegt und zu ihm gesagt: ›Ich hab bloß zehntausend Lire dabei.‹ ›Also gut, gib mir die zehntausend!‹ meint der darauf und ich: ›Das geht nicht, die brauch ich zum Einkaufen.‹ Da hat er einen Augenblick lang nachgedacht und dann ganz ruhig gesagt: ›Dann gib mir fünftausend‹, und ich wieder: ›Das geht nicht, ich hab bloß einen Schein zu zehntausend.‹ Da meint der doch: ›Dann gehen wir wechseln‹, und wir sind zum Gemüsehändler marschiert und haben den Zehntausend-Lire-Schein wechseln lassen.«

»Und die ganze Zeit das Messer im Rücken?« fragt die Schneiderin.

»Ja.«

»Das war eine Art ›Raub mit gütlicher Einigung‹«, bemerkt der Professor.

»Ja, genau«, stimmt Rachelina zu, »aber ich wär fast gestorben vor Angst!«

»Lieber Professore, in Neapel kann eine anständige Frau nicht mehr alleine aus dem Haus gehen«, meint die Schneiderin, die sich in Anwesenheit des Professors bemüht, so korrekt wie möglich zu sprechen. »Die Neapolitaner sind alle Gauner geworden: Gestern hat man in der Via Santa Lucia der Mutter einer Freundin von mir die Tasche aus der Hand gerissen, und zu Boden geworfen haben sie die arme alte Frau, sechzig Jahre ist sie, wie einen Putzlumpen haben sie sie die Straße entlanggeschleift!«

»Das stimmt doch nicht, Signora: Die Neapolitaner sind genauso wie die anderen auch«, wendet jemand mit norditalienischem Akzent ein. »Es ist doch überall dasselbe: Stellen Sie sich vor, letztes Jahr bin ich in Mailand, mitten im Zentrum, ausgeraubt worden, und das waren keine Süditaliener.«

Der da spricht, ist der Doktor Cazzaniga. Er ist von hinten an die Gruppe herangetreten, unter dem Arm trägt er irgendetwas in Zeitungspapier Eingewickeltes.

»Wenn ich etwas Wertvolles bei mir habe«, fährt er mit einem Blick auf sein Paket fort, »bin ich immer auf der Hut. Wenn Sie mich fragen, Verbrecher gibt es überall.«

»Es gibt nur eine Methode, mit der man sich davor schützen kann, beraubt zu werden«, erklärt Bellavista philosophisch, »man darf nichts mit sich herumtragen, was einem anderen begehrenswert erscheinen könnte.«

Die beiden Männer gehen in Richtung auf den Aufzug davon. Bellavista fällt auf, daß das Paket von Doktor Cazzaniga die Form eines Bildes hat.

»Ich will nicht indiskret sein, aber haben Sie Einkäufe gemacht?« erkundigt sich der Professor bei Cazzaniga.

»Man sollte vielleicht eher sagen, daß ich ein Geschäft gemacht habe«, erwidert der Mailänder mit unüberhörbarem Stolz. »Sie müssen wissen, ich habe die neapolitanische Malerei des neunzehnten Jahrhunderts immer sehr geschätzt. Ich halte sie für ebenso bedeutend wie die toskanische, und meiner Meinung nach wurde sie bisher auf dem Markt völlig unterbewertet. Jetzt ist es mir endlich gelungen, ein Bild von Antonio Mancini zu erstehen: ein Meisterwerk! Das Portrait einer Krankenschwester, das der Künstler gemalt hat, als er sich im Irrenhaus befand. Es war, sozusagen, ein heftig umstrittener Kauf. Denn während der Besitzer des Bildes bereit war, es zu verkaufen, wollte seine Frau leider gar nichts davon wissen, und es war äußerst schwierig, sie umzustimmen.«

Im Wohnzimmer des Filiberto Bonajuto findet ein Prozeß wegen Betruges statt: Professor Bellavista und Doktor Cazzaniga, jeder von ihnen hält ein Bild in den Händen, schauen den Fechtmeister voller Empörung an. Die Portraits der zwei Krankenschwestern sind praktisch gleich, wenn man von der Farbe der Haare absieht. Bellavistas Krankenschwester hat schwarzes Haar, die von Cazzaniga rotblondes.

Die Signora Maria fragt die Gäste mit einer Freundlichkeit, als wäre nichts geschehen:

»Möchten Sie einen Kaffee?«

»Nein, danke«, erwidert Bellavista trocken.

Im Gegensatz zu seinen Kunden ist Filiberto Bonajuto die Ruhe selbst: Daß ihm Betrug vorgeworfen wird, scheint ihn nicht im geringsten zu berühren, ja, er benimmt sich so ungezwungen, als habe er mit der ganzen Sache überhaupt nichts zu tun, als seien die falschen Mancinis das Ergebnis eines tragischen schicksalhaften Versehens.

»Sie haben wirklich Pech gehabt. Sie hätten sich nicht begegnen dürfen«, lautet seine phlegmatische Antwort auf die Vorhaltungen der beiden Käufer.

»Hören Sie«, erwidert Doktor Cazzaniga ruhig, aber bestimmt. »Ich erkläre Ihnen hiermit noch einmal, daß ich, wenn Sie uns den Kaufpreis nicht sofort bis auf die letzte Lira zurückerstatten, gezwungen bin, Sie auf dem nächsten Polizeikommissariat wegen Betrugs anzuzeigen.«

»Das können Sie nicht machen«, hält ihm der Experte für gutes Benehmen sofort entgegen. »Der Kommissar würde Sie als erstes fragen, wieviel Sie für die Bilder gezahlt haben.«

»Eineinhalb Millionen«, wirft Bellavista ein.

»Eine Million siebenhunderttausend«, ertönt wie ein Echo die Stimme von Cazzaniga.

»Und für eineinhalb Millionen wollten Sie also ein Gemälde von Mancini kaufen! Das würde Ihnen der Kommissar sagen. Wenn Sie mich tatsächlich wegen Betruges anzeigen wollen, dann werde ich behaupten, daß ich Ihnen, allen beiden, vor dem Kauf mitgeteilt habe, daß die beiden Bilder Imitationen sind. Dann wird der Gerichtssachverständige entscheiden müssen, ob Sie bei einem Preis von eineinhalb Millionen wirklich annehmen konnten, einen echten Mancini zu erwerben, wo seine Werke ansonsten doch eher für fünfzig Millionen gehandelt werden, wie man jedem Kunstführer entnehmen kann.«

»Ich fürchte«, erwidert Bellavista, »Sie unterschätzen die Tatsache, daß der Dottore und ich hochangesehene Bürger sind, während Sie, wertester Bonajuto, mit größter Wahrscheinlichkeit schon die eine oder andere derartige Sache auf dem Kerbholz haben. Im übrigen habe ich erfahren, daß Sie überhaupt nicht Filiberto Bonajuto heißen, sondern Alberto Bonaiuto, ganz ohne j im Familiennamen.«

»Filiberto Bonajuto ist mein Künstlername.«

»Und was für eine Art von Künstler sind Sie?« fragt Bellavista ironisch.

»Lieber Professore«, erwidert der Bonaiuto ohne j bedauernd, ohne die Ironie zur Kenntnis zu nehmen, »es betrübt mich sehr, daß Sie nicht mehr der wunderbare Mensch sind, als den ich Sie zu meiner Freude vorige Woche hier kennengelernt habe. Da haben wir über die Kunst gesprochen, von Poesie geredet, von Gefühlen, Sie haben mir erklärt, daß Kunst nur dann Kunst ist, wenn eine Übertragung von Gefühlen von dem einen Künstler, dem Maler, zum anderen Künstler, dem Betrachter, stattfindet, und jetzt kommen Sie mir auf einmal ganz anders: sprechen von Anzeige, von Polizeikommissariat! Wo ich doch so begeistert war von Ihnen! Sehen Sie nur: Ich habe noch den Zettel bei mir, auf dem ich einen Ausspruch von Ihnen notiert habe...«

Alberto Bonaiuto wühlt in seiner Tasche und zieht ein völlig zerknittertes Stück Papier heraus.

»Hier bitte«, ruft der Fechtmeister aus und liest mit Nachdruck: »Ein Gemälde wird nur dann zum Kunstwerk, wenn mindestens zwei Künstler sich damit befassen: der Maler, der es erzeugt hat, und der Betrachter, der seinen Sinn erfaßt.« Dann blickt er auf und schaut seine beiden Kunden bekümmert an: »Es tut mir leid, das sagen zu müssen; aber keiner von Ihnen scheint ein solcher Betrachter, der ein Gemälde zum Kunstwerk macht, zu sein. Keiner von Ihnen, meine werten Herren, hat mich verstanden!«

»Wir haben verstanden, daß Sie uns übers Ohr gehauen und uns dabei mehr als drei Millionen aus der Tasche gezogen haben«, bemerkt Doktor Cazzaniga trocken.

»Sie sehen selbst, das einzige, wovon Sie reden können, ist Geld«, fährt Bonaiuto, jetzt noch betrübter, fort. »Und die Gefühle? Was machen wir damit? Ich habe Ihnen doch nicht nur zwei Bilder verkauft, sondern mit diesen auch Gefühle... Die Freude an etwas Einmaligem, das Erschauern bei dem Gedanken, daß es Ihnen gehört... Und was haben Sie daraus gemacht? Sie haben diese Gefühle kaputtgemacht, so wie ein Kind sein Spielzeug zertrümmert, um nachzuschauen, wie es von innen aussieht. Und jetzt kommen Sie mit den Scherben an und wollen Ihr Geld zurück. Halten Sie das für richtig? Geben Sie mir die Gefühle zurück, die ich empfunden habe, und ich werde Ihnen mit dem größten Vergnügen Ihr Geld zurückerstatten.«

Donn'Alberto beendet seinen Monolog über die Gefühle mit einer Verbeugung, als stehe er vor einem großen Publikum. Er weiß, daß er Anspruch auf Applaus hat, und sei es nur für seine perfekte Vortragsweise, und er weiß außerdem, daß seine Rede dem Professor Bellavista im Grunde seines Herzens gefallen haben muß, doch es ist ihm klar, daß er von seinen Anklägern keine offene Anerkennung erwarten kann. So begnügt er sich mit dem zustimmenden Blick seiner Frau, die neben ihm steht und ihn gerührt ansieht.

Der Professor nimmt Cazzaniga am Arm, und sie setzen sich an den Tisch.

»Dottore, machen wir uns doch keine Illusionen«, sagt Bellavista freundschaftlich. »Eins ist sicher: Unsere drei Millionen hat Bonaiuto längst durchgebracht.«

»Das können Sie wohl annehmen«, bestätigt Donn'Alberto.

»Bei dem Stand der Dinge sollten wir retten, was zu retten ist«, fährt der Professor fort, um sich dann an den Fechtmeister zu wenden: »Sie, werter Herr, werden jetzt so freundlich sein, uns zwölf Wechsel über je zweihundertsechsundsechzigtausend Lire auszustellen, und Sie werden jeden Monat pünktlich zum Ersten einen davon bezahlen. Ich brauche Ihnen wohl nicht zu sagen, daß wir Sie, sowie Sie auch nur einen Tag in Verzug geraten, anzeigen werden. Außerdem werden Sie uns eine Erklärung unterschreiben, in der Sie zugeben, uns zwei gefälschte Mancinis verkauft zu haben. Ich weiß nicht, ob es Ihnen aufgefallen ist, aber ich habe Ihnen die Zahlung der ganzen Summe in zwölf Monatsraten eingeräumt, ohne irgendwelche Zinsen zu berechnen.«

»Sie denken einfach zu sehr ans Geld, Professore«, entgegnet ihm darauf Bonaituo. »Ich hätte ja nie davon angefangen! Aber wenn's Ihnen nur ums Geld geht, warum gehen Sie dann das Risiko mit den Bildern ein? Die können doch immer gefälscht sein, selbst die, die von den großen Kunsthandlungen verkauft werden. Denken Sie nur an die Modigliani-Plastiken! Wenn Sie wirklich sicher sein wollen, daß ein Bild sein Geld wert ist, dann lassen Sie sich doch einen Rahmen machen und packen Sie Hunderttausend-Lire-Scheine hinein – ich würde Ihnen dafür einen Empire-Rahmen empfehlen. Mit zehn Millionen in Hunderttausender-Scheinen können Sie eine Fläche von siebzig Zentimeter auf einen Meter fünfzig ausfüllen. Das hängen Sie sich dann ins Wohnzimmer, und alle Ihre Gäste werden sagen: ›Also, sieh mal, was für ein schönes Bild der Professore da hat! Das muß mindestens zehn Millionen wert sein!«

»Auf jeden Fall würde ich mir die Geldscheine von der Bank holen und sie mir nicht etwa von Ihnen geben lassen«, entgegnet Bellavista.

»Leider muß ich feststellen, daß ich bei Ihnen keine besondere Wertschätzung genieße«, erklärt Bonaiuto. »Dabei hätte Ihnen doch gerade der Vorfall, in den Sie verwickelt wurden, alles über meine Person sagen müssen. Ich bin, erlauben Sie mir, das festzustellen, kein primitiver Taschendieb. Die Form geht, nach meinem Verständnis, über alles im Leben. Ich darf Sie darauf aufmerksam machen, daß der Verkauf der *Krankenschwester* von Mancini bis ins kleinste Detail ausgefeilt war: vor allem die Geschichte, der Maler im Irrenhaus, der Freund, der ihn dort besucht, der Pinselstrich des Wahnsinnigen, der Vulkan kurz vor dem Ausbruch ... dann der helle Fleck an der Wand ... Professore: Erinnern Sie sich an den hellen Fleck an der Wand? ... und schließlich der Monolog vom ›Mancini von Papa‹, vorgetragen von Maria Bonaiuto. Haben Sie keine Hemmungen – wenn Sie ihn nochmal hören wollen, ist meine Frau gern dazu bereit.« Dann wendet er sich an die Signora: »Marì, könntest du nicht auf Wunsch der beiden Herren eine Zugabe geben?«

Signora Maria ergreift, ehe Bellavista oder Cazzaniga es verhindern können, den Fuchspelz und ihren Hut, die sie auf einem Sessel abgelegt hat, und begibt sich in die Anfangsposition an der Wohnzimmertür.

»Filiberto«, sagt sie ruhig, aber mit zum Zerreißen gespannter Stimme, »verkaufst du etwa den Mancini von Papa?«

»Nein, fang gleich bei ›Du Scheißkerl, den Mancini verkaufst du mir nicht!‹ an«, schlägt der Fechtmeister vor.

»Du Scheißkerl, den Mancini verkaufst du mir nicht!« gehorcht die Signora Maria auf der Stelle. »Da mußt du mich vorher schon umbringen!«

»Schluß mit diesem Possenspiel, mir reicht's!« brüllt Cazzaniga und geht ein paar Schritte in Richtung Tür.

Mit den Worten: »Einen Moment noch, Dottore«, hält Bellavista ihn zurück. »Wir haben noch keine Antwort auf mein Angebot einer Rückzahlung in Raten.«

In diesem Augenblick klingelt es an der Haustür. Filiberto Bonajuto schaut einen Moment seine Frau an und wendet sich, als er ein Zeichen der Zustimmung erhält, an Bellavista:

»Vielleicht ist soeben eine Teillösung unserer Probleme eingetroffen: Folgen Sie mir in den Schminkraum!«

»Professore, die Welt ist grausam: In ihr findet Kunst nur dann Anerkennung, wenn sie von Schmerz begleitet ist«, meint Alberto Bonaiuto seufzend, während er sich mit einem Schminkstift die Augenlider schwarz färbt.

Das Badezimmer im Hause Bonaiuto ist als Schminkraum eingerichtet. Zwischen der Kloschüssel und dem Waschbekken hat der Hausherr eine neapolitanische Konsole mit Marmorplatte an der Wand angebracht und darüber einen großen Spiegel mit einem Rahmen aus hellem Holz, in den ein Dutzend kleiner Lämpchen eingelassen sind. Auf der Marmorplatte liegen kreuz und quer Augenbrauenstifte, Make-up-Döschen, getönte Glasstöpsel, Schnurrbärte und Perücken.

Bellavista und Cazzaniga stehen hinter Bonaiuto und sehen

ihm neugierig zu, wie er sich, das Gesicht nah am Spiegel, schminkt. Einen Augenblick lang waren die beiden Mancini-Käufer unsicher, ob sie sofort zur Polizei gehen und den Fechtmeister anzeigen oder ob sie seinem Auftritt bis zum Schluß beiwohnen sollten. Schließlich hat die Neugier die Oberhand über die Entrüstung behalten, und nun stehen die beiden da und schauen schweigend zu, wie er eine Gammler-Perücke anprobiert.

»Meine Frau und ich wechseln uns mit den Rollen ab«, erklärt Bonaiuto. »Manchmal übernehme ich den einleitenden Part, und sie kommt im Finale dazu, so wie in Ihrem Fall, ein andermal kriegt sie den Prolog und ich die Schlüsselszene. Jetzt haben wir einen Kunden vom Land, einen Kleinbauern, ein gewisser Cascone. Der Freund, der ihn mir geschickt hat, meint, er ist ein tüchtiger Kerl. Er soll mit Kiwis sein Glück gemacht haben. Wissen Sie, was Kiwis sind? Nein? Das sind exotische Früchte, die nach gar nichts schmecken, aber weil sie grün sind, mögen die Leute sie trotzdem. Wie ich von meinem Helfer gehört hab, hat dieser Cascone früher fünfzehn Hektar Land mit Wassermelonen bebaut und damit fast gar nichts verdient; dann ist ihm die Idee mit den Kiwis gekommen, und jetzt weiß er nicht mehr, wohin mit dem Geld. Sie haben also allen Grund, guter Hoffnung zu sein: Wenn die Sache wunschgemäß läuft, kann ich Ihnen in einer halben Stunde die erste Rate bezahlen.«

»Wollen Sie dem auch noch eine *Krankenschwester* verkaufen?« fragt Cazzaniga sarkastisch.

»Nein, um Himmels willen«, erwidert Bonaiuto, geradezu beleidigt durch so eine gemeine Unterstellung. »Für diesen Kunden haben wir die Nummer mit dem verrückten Maler vorbereitet, der die Bilder erst malt und sie anschließend zerstört. Sehen Sie, Dottore, es ist nicht unsere Schuld, wenn wir zu dieser Schauspielerei gezwungen sind: Die Welt verlangt Leiden. Ein ganz normaler Maler, der sich bester Gesundheit erfreut, der kein Rauschgift nimmt, der vielleicht nicht mal ständig Streit mit seiner Frau hat, ist als Künstler zum Scheitern verurteilt. Wenn er aber ernsthaft krank, verrückt und verdreckt ist und im Sterben liegt, dann erreichen die Preise für seine Werke schwindelerregende Höhen, und je schlechter es ihm geht, desto begehrter ist er. Was soll ich denn da machen?«

Alberto Bonaiuto hebt den Blick und betrachtet im Spiegel Bellavista und Cazzaniga; als er keine Antwort bekommt, fährt er fort: »Ich beuge mich den Erfordernissen des Marktes und sage zu meinen Kunden: ›Schmerzen wollt ihr haben? Bei mir kriegt ihr sie.‹«

»Haben Sie jemals versucht, Bilder ganz regulär zu verkaufen, so wie alle anderen Kunsthändler?« will Cazzaniga wissen.

»Ja, aber das klappt nicht. Sehen Sie, die moderne Kunst steckt in einem Dilemma: Da das Publikum das Kunstwerk selbst nicht beurteilen kann, muß es, um zu einer Meinung zu gelangen, ein Urteil über die Person des Künstlers fällen. Nehmen wir einmal an, Salvador Dalí würde dem Abgeordneten Forlani ähnlich sehen, er hätte das gleiche nichtssagende Gesicht, würde den gleichen grauen Anzug tragen, meinen Sie, der hätte dann genausoviel Erfolg? Nein, meine lieben Freunde. Man muß den Käufer an der Hand nehmen wie ein kleines Kind, und dafür bin ich da: um mit meiner Erfahrung seinen Mangel an Phantasie auszugleichen und ihm das an Gefühl zu vermitteln, was er von alleine niemals empfinden würde. Sie beide, zum Beispiel, haben Pech gehabt: Sie hätten niemals aufeinandertreffen dürfen! Dann würde jetzt jeder von Ihnen voller Stolz seinen Mancini betrachten und sich darüber freuen, daß er ihn im eigenen Haus hängen hat. An Ihrer Stelle würde ich das Bild auf jeden Fall behalten: zum einen als Erinnerung an mich, und zum anderen sind die Bilder ja, künstlerisch gesehen, ausgezeichnet gemacht: Sie haben Stil und Ausdruckskraft. Und irgendwann, werter Dottore, werden Sie nach Mailand zurückkehren müssen, und dann werden sich die beiden Krankenschwestern überhaupt nicht mehr begegnen können.«

»Was erzählt eigentlich Ihre Frau gerade dem Kleinbauern?« erkundigt sich Bellavista.

»Interessiert Sie die Aufführung? Wollen Sie die Katharsis miterleben?« fragt Bonaituo lächelnd zurück. »Kein Problem: Meine Frau wird glücklich sein, wenn ich ihr erzähle, daß sie heute abend vor fachkundigem Publikum gespielt hat. Sie dürfen allerdings keinen Lärm machen. Die Wohnzimmertür ist die zweite links im Flur. Sie können zuhören und auch zuschauen, wenn Sie abwechselnd durchs Schlüsselloch gucken.«

»Was soll ich Ihnen sagen, Don Rafè, mein Leben ist eine Odyssee, ein langer Leidensweg. Aber hör mal, sag ich immer zu ihm, erst malst du diese Meisterwerke und dann zerstörst du sie?!«

Signora Maria beendet gerade ihren Ausbruch vor Raffaele Cascone, dem Kiwibauern. Der gute Mann hört ihr wortlos zu und wirft dabei einen Blick auf das neueste Meisterwerk von Marvizzi, dem wahnsinnigen Maler, der alle seine Bilder zerstört.

»Sie müssen mir glauben, Don Rafè«, fährt die arme Frau fort, »den ganzen Tag legt er den Pinsel nicht ein einziges Mal aus der Hand, oft ißt er nicht einmal was, nur, um sich nicht von der Staffelei entfernen zu müssen, und dann, kaum daß ein Bild fertig ist, tritt er ein paar Schritte zurück, schaut es haßerfüllt an und zerreißt es, als ob es ein Feind wäre, den er töten muß.«

»Nehmen Sie ihm doch alle Messer, alle Klammern, einfach alle spitzen Gegenstände weg«, rät Cascone.

»Und wie stellen Sie sich das vor?« jammert Signora Maria. »Es gibt tausend Dinge hier im Haus, mit denen er ein Bild zerstören kann. Messer, Scheren, Rasierklingen... Einmal hat er ein wunderschönes Gemälde, eine Landschaft mit

Ruinen, mit der Fernbedienung für den Fernseher zerfetzt. Das müssen Sie sich mal vorstellen!«

»Mit der Fernbedienung!« wiederholt der Kiwibauer höchst erstaunt. »Und wie hat er das gemacht?«

»Was weiß ich, wie er das gemacht hat. Fest steht nur, daß ihn niemand zurückhalten kann, wenn er sich in den Kopf gesetzt hat, ein Bild zu zerstören. Sehen Sie das da? Das habe ich im allerletzten Moment gerettet. Gestern abend ist er damit fertiggeworden: nur noch ein paar Mohnblüten ...«

»Das sind Mohnblüten?«

»Sehen Sie das denn nicht? Sie wohnen doch auf dem Land, und da kennen Sie keinen Mohn? Das Werk heißt: *Sonnenuntergang mit Klatschmohn.* Also, wo war ich stehengeblieben? Gestern abend, er steht vor der Staffelei, da läutet das Telefon. Ich habe die Gelegenheit beim Schopf gepackt und zu ihm gesagt: ›Sasà, das muß Colabuono sein, geh du ran‹, und er ist ans Telefon gegangen. Colabuono ist auch ein Maler, ein Freund von ihm, der manchmal seine Bilder zum Verkaufen hierher zu uns bringt. Der arme Colabuono! Er ist gelähmt, kann nur eine Hand bewegen, aber er ist ein großer Künstler! Ich werde Ihnen auch mal eines von seinen Bildern zeigen. Aber jetzt zurück zu uns: Sasà hat also den Pinsel aus der Hand gelegt und ist ans Telefon gegangen, und ich hab mir sofort das Bild geschnappt und hab's versteckt. Wie Sie sehen können, ist es noch nicht ganz fertig: Hier, in der linken Ecke, fehlt noch ein Dutzend Mohnblüten.«

»Und als er vom Telefon zurückgekommen ist, was hat er da gesagt?«

»Nichts. Er ist wie ein Kind: hat eine neue Leinwand vom Boden aufgehoben und ein neues Bild angefangen.«

»Diese Künstler sind wirklich nicht zu fassen: Als ob sie in einer anderen Welt leben!«

»Genau das ist es! In einer anderen Welt. Schlimm ist nur, Don Rafè, daß sie in Wirklichkeit in dieser Welt leben, und in dieser Welt muß man essen, die Miete und die Stromrechnung bezahlen und viele andere Sachen, die weiß Gott nicht umsonst sind. Und so bin ich gezwungen, seine Bilder zu verkaufen.«

»Ja, Signora, Sie haben recht. Aber sechshunderttausend Lire für ein unvollendetes Bild ist zuviel. Sie haben selbst gesagt, daß hier noch Mohnblüten fehlen. Und dann ist noch was: Der Namenszug Ihres Mannes fehlt.«

»Die Unterschrift?! Ja, mein Gott, wie hätten Sie die denn gern? Soll er sie mit dem Messer anbringen? Ich kann es Ihnen ja auf der Rückseite beglaubigen. Ich schreibe: ›Das ist ein Gemälde meines Gatten Salvatore Marvizzi‹ und setze meine Unterschrift drunter. Bedenken Sie, daß nur ganz wenige Bilder von Marvizzi im Umlauf sind, nämlich nur die, die ich retten konnte.«

»Ja, aber sechshunderttausend Lire ist zuviel, sagen wir vierhunderttausend.«

»Soll das ein Witz sein? Vierhunderttausend Lire für den *Sonnenuntergang mit Klatschmohn* von Salvatore Marvizzi! Fünfzigtausend könnte ich Ihnen nachlassen, weil Sie's sind. Aber beeilen wir uns, denn wenn mein Mann aufwacht, krieg ich 'ne Tracht Prügel und Ihnen geht das Geschäft durch die Lappen.«

Bei dem Wort »Geschäft« wird die Tür zum Flur aufgerissen. Der Maler Marvizzi alias Marchese Filiberto Bonajuto erscheint in vollem Glanz auf der Schwelle des Wohnzimmers. Er trägt einen Kittel, der wohl einmal weiß gewesen, aber jetzt mit Flecken in allen möglichen Farben übersät ist. Seine Augen wirken wie zwei Flammenwerfer, seine Haare ähneln den Schlangen der Medusa und verleihen ihm das Aussehen eines apokalyptischen Reiters.

Marvizzi geht schnurstracks auf den Schreibtisch zu, ergreift einen Brieföffner und stürzt sich, diesen wie eine Waffe in der erhobenen Hand, auf den armen Cascone, der eben beschlossen hat, sich den *Sonnenuntergang mit Klatschmohn* noch einmal genau anzusehen. Doch die Signora Maria kann ihn gerade noch zurückhalten, und es gelingt ihr, ihn zu besänftigen. Der besiegte Marvizzi läßt sich niedergeschlagen in einen Sessel fallen. Der Brieföffner rutscht ihm aus der Hand. Die Signora legt ihn zurück auf den Schreibtisch und flüstert Don Raffaele zu:

»Don Rafè, lassen Sie das Bild verschwinden. Legen Sie fünfhunderttausend Lire auf den Schreibtisch und hauen Sie ab!«

Im Auktionssaal »La tavolozza del Golfo«. Alle sind da: Bellavista, Cazzaniga, Salvatore, Saverio, Luigino, der Oberst in Uniform, Donn'Alberto Bonaiuto und Signora Maria. Eben wird das Auktionsstück Nr. 44 versteigert.

»Und hier sehen Sie ein Bilderpaar«, ruft der Auktionator bewegt aus, »zwei Bilder, die zu den dramatischsten Zeugnissen der Malerei des neunzehnten Jahrhunderts zählen: *Die Krankenschwestern* von Mancini!«

Um Mitternacht geht's los

»Ihr könnt sagen, was ihr wollt: Diese Knallerei ist ein deutliches Zeichen für einen Mangel an Kultur! Ich wohne ja jetzt schon seit fünfzehn Jahren in Mailand, und trotzdem: Jedes Jahr am zweiten Januar habe ich Hemmungen, mich in der Öffentlichkeit sehen zu lassen. Weil auf der Titelseite des ›Corriere della Sera‹ an jedem zweiten Januar die gleiche Schlagzeile prangt: NEAPEL – WIEDER EIN TOTER UND 352 VERLETZTE DURCH FEUERWERKSKÖRPER. Und da sag ich mir doch: Die bedeutendsten Köpfe der ganzen Nation haben wir hervorgebracht, Leute wie Giambattista Vico und Benedetto Croce, ich wiederhole: Giambattista Vico und Benedetto Croce, von so was können die im Norden doch nur träumen, und dann müssen wir uns wegen ein paar Krachern und Kanonenschlägen mit Schmutz bewerfen lassen!«

Es ist der Vermessungsingenieur Cardone, der mit diesen Worten Dampf abläßt. Er arbeitet bei der Sofined, einer Finanzierungsgesellschaft mit Sitz in Mailand, Via Pirelli 28. Der Ingenieur ist einer von den Süditalienern, die, wenn sie sich in Mailand aufhalten, die Neapolitaner in den höchsten Tönen loben, aber kaum nach Neapel zurückgekehrt kein gutes Haar mehr an ihnen lassen. So auch in diesem Augenblick: Cardone ist nämlich über die Weihnachtsfeiertage nach Hause gekommen.

»Wißt ihr, wieviele Milliarden jedes Jahr für Feuerwerkskörper ausgegeben werden?«

Er bekommt keine Antwort, und gerade in diesem Moment taucht an der Tür ein junger Kerl mit vor Kälte steifem Gesicht auf und fragt mit lauter Stimme:

»Gibt's 'n *Sospeso?*«

»Du hast Glück, Alfò«, lautet die Antwort. »Vor zehn Minuten war Enrico da und hat einen bezahlt. Sein Vermieter, der Rechtsanwalt Capuozzo, scheint heute früh auf dem Glatteis ausgerutscht zu sein, und die Nachricht hat er feiern wollen.«

Der *Sospeso* ist ein alter neapolitanischer Brauch, der heute kaum mehr gepflegt wird. Nur in einigen Kaffeebars in den einfachen Wohnvierteln trifft man ihn gelegentlich noch an. Wenn dort ein Kunde aus irgendeinem Grund in besonders guter Stimmung ist, bezahlt er einen Kaffee mehr, als er selbst getrunken hat. Diesen sogenannten *Sospeso* bekommt dann später ein anderer Gast. Das ist ungefähr so, als ob man der ganzen Menschheit einen Kaffee ausgibt.

»Der Madonna sei Dank! Das ist diese Woche die erste gute Nachricht!« ruft Alfonso Cannavale und reibt sich die Hände, einmal vor Freude darüber, daß er einen *Sospeso* erwischt hat, und zum andern, weil ihm kalt ist.

Er hat keinen Mantel an, sondern nur eine etwas abgetragene Jacke, deren Kragen er zum Schutz gegen die Kälte hochgeschlagen hat. Seine Kleidung wirkt an diesem Morgen, an dem die Straßen von Neapel vereist sind und der Vesuv schneebedeckt ist, ziemlich unpassend. Aber in Neapel sieht man auch mitten im Winter immer wieder Leute, die keinen Mantel anhaben, und in der Tat leidet man hier mehr unter Kälte als in jeder anderen Stadt Italiens. Irgend jemand hat das Gerücht aufgebracht, hier herrsche ein besonders mildes Klima, und mit schöner Regelmäßigkeit werden die Neapolitaner von der Kälte überrascht wie von einem unvorhersehbaren Schicksalsschlag.

»Soll ich euch sagen, wer auf der ganzen Welt außer uns noch wie verrückt mit Feuerwerkskörpern herumballert?« fährt der Ingenieur Cardone unbeirrbar fort. »Nur die Mexikaner und ein paar Stämme in Zentralafrika. Damit ihr's wißt!«

»Sie haben recht«, mischt sich der Mann hinter der Theke ein. »Aber dieses Jahr hat die Polizei die großen Kanonenschläge streng verboten. Gerade vor ein paar Tagen haben sie in Porta Capuana eine Razzia gemacht und über zwölf Zentner Knallkörper beschlagnahmt.«

»Zwölf Zentner? Was sind schon zwölf Zentner? Zwölf Tonnen hätten sie beschlagnahmen müssen und nicht zwölf Zentner!« ereifert sich Cardone. »Entschuldigt, wenn ich's noch mal sage: Aber wir haben Giambattista Vico und Benedetto Croce gehabt, und da können wir uns doch nicht wie Wilde aufführen!«

»Darf ich auch mal was dazu sagen?« fragt Alfonso Cannavale, der junge Mann ohne Mantel. »Sie haben recht, einige Feuerwerkskörper sind wirklich gefährlich. Aber Sie können doch nicht alles über einen Kamm scheren: Schließlich gibt's da außer den reinen Knallkörpern auch noch die bunten Feuerwerkskörper, und die sind doch nicht gefährlich. Und auch bei den Knallkörpern gibt es welche, die, wenn man ein bißchen aufpaßt, keinen Schaden anrichten können. Nehmen wir zum Beispiel die *Tric-trac*, diese kleinen, aneinanderhängenden Kracher, die einer nach dem anderen losknallen. Wenn man den großen Böller am Schluß wegläßt, den, bei dem auch Splitter umherfliegen und durch den immer wieder Personen zu Schaden kommen, dann fehlt zwar der laute Knall, aber dafür wird auch niemand mehr verletzt. Aber gleich alle Feuerwerkskörper zu verbieten, find ich übertrieben! Wenn man uns auch noch den Spaß nimmt, am letzten Tag im Jahr ein bengalisches Feuer anzuzünden, was bleibt uns dann überhaupt noch?«

»Ihnen ist es also ganz egal«, erwidert der Ingenieur und schaut Alfonso dabei böse an, »wenn es auch dieses Jahr wieder einen Toten und vier- oder fünfhundert Verletzte gibt?«

»Nun machen Sie mal halblang, das hab ich nicht gesagt«, verteidigt sich Alfonso. »Wenn einer anfängt, mit der Pistole herumzuballern und dabei jemanden umbringt, dann ist er ein Verbrecher, ganz gleich, wann er das macht, Silvester hin, Silvester her. Aber auch die Tradition muß zu ihrem Recht kommen. Nur ein Beispiel: Als ich heute morgen aus dem Haus gegangen bin, haben mich meine Kinder zum Steinerweichen angefleht: ›Papa, bring uns Knaller mit!‹ Und was mach ich jetzt, wenn ich mit leeren Händen nach Hause komme? Das Geschrei sollten Sie hören! Das eigentliche Unglück, lieber Dottore, ist, daß ich nicht genug Geld hab, um wenigstens zehn Knallerbsen und ein Paket Wunderkerzen zu kaufen!«

Die Knallerbsen und die Wunderkerzen gehören zu den harmlosen Sachen: Sie sind billig und richten keinen Schaden an. Besonders die Wunderkerzen, die, wenn man sie anzündet, Hunderte von leuchtenden Sternchen aussenden. Die gibt man normalerweise den Kindern, um sie zufriedenzustellen und um sie von den gefährlicheren Sachen fernzuhalten.

»Na, dann sagen Sie mir doch mal«, schreit der Ingenieur den armen Alfonso jetzt an, »wieso hier in Neapel unbedingt wie verrückt herumgeballert werden muß. Das möchte ich wirklich gerne wissen: MUSS DAS GEKNALLE UNBEDINGT SEIN?«

»Mein Gott, das macht man hier in Neapel halt schon immer, das soll auch Glück bringen. Und Silvester ist nun mal Silvester!«

»Da ist noch was, was ich nicht verstehe«, fährt der Ingenieur Cardone, der jetzt vergessen hat, daß er selbst in Neapel geboren ist, fort. »Je mehr ihr Neapolitaner Hunger leidet, je mehr Arbeitslose es hier gibt, desto größer ist euer Bedürfnis zu feiern. Sie zum Beispiel, eben haben Sie doch gemeint, daß Sie nicht mal mehr eine Lira in der Tasche haben: Also, dann sagen Sie mir doch bitte, was Sie zu feiern haben und woher Sie Ihre gute Laune nehmen!«

»Das kann ich Ihnen gleich sagen«, erwidert Alfonso gelassen. »Wenn ich Feuerwerkskörper abschieße, dann aus Protest gegen meine mißliche Lage. Und wo unser Herrgott meine Gebete schon nicht hört, hoffe ich halt, daß wenigstens der Krach an Silvester zu ihm durchdringt.«

»Jawohl, jetzt kriegt auch noch der Herrgott sein Fett ab, weil er taub ist!«

»Nicht taub, aber ein bißchen zerstreut schon«, stellt Alfonso richtig. »Es ist doch ganz klar, lieber Dottore, wenn ein armer Teufel wie ich so ein Jahr wie das letzte hinter sich gebracht hat, ein Jahr voll Entbehrungen und bitteren Erfahrungen, dann muß er sich an dem Tag, an dem's zu Ende geht, doch freuen: Er hofft halt, daß das nächste besser wird.«

»Ich weiß nicht, wieviel Sie dieses Jahr für Feuerwerk ausgeben werden«, entgegnet Cardone erbarmungslos, »aber an Ihrer Stelle würde ich mal ein paar Lire für einen Mantel beiseite legen.«

Eines steht fest: Alfonso Cannavale muß sich heute auf jeden Fall wenigstens die allernotwendigsten Utensilien besorgen, um die Jahreswende würdig zu begehen. Vierzigtausend Lire würden reichen, vielleicht auch dreißigtausend, wenn man auf den Fisch als Hauptgericht verzichtet: zwanzigtausend fürs Essen und zehntausend fürs Feuerwerk. Aber wie sollte er an dreißigtausend Lire kommen? Zuerst versucht er es bei der Witwe Sangiorgio, bietet ihr an, die Treppe ihres Hauses in der Via San Biagio dei Librai einmal gründlich zu putzen, aber die Witwe will davon vor dem Dreikönigstag nichts wissen. Dann bittet er seinen Schwager, ihm etwas zu borgen, aber da handelt er sich nur eine rüde Abfuhr ein. Den letzten Versuch unternimmt er beim Cavaliere Santillo, bei dem er zehn Jahre lang als Ladendiener gearbeitet hat. Inzwischen ist der Cavaliere achtzig Jahre alt und besitzt nicht mehr das große Schreibwarengeschäft direkt am Rettifilo (drei Räume, einer davon genau an der Ecke zur Via Pietro Colletta), in bester Geschäftslage; das hat er Stück für Stück verkauft. Erst einen Raum, dann noch einen, und schließlich auch den letzten. Jetzt verkauft er Hefte und Bleistifte in dem Korridor, der an seinen früheren Laden angrenzt, einem Loch von einem Meter dreißig im Quadrat. Zum Ausgleich ist auch er selbst kleiner geworden: Er ist jetzt achtzig und mit den Jahren ist er geschrumpft.

»Alfonsì«, hat der Cavaliere zu ihm gesagt, »du weißt, daß ich dich gern hab, aber ich kann dir kein Geld geben. Den Laden mach ich doch nur deshalb noch auf, weil ich mich so dran gewöhnt hab. Wenn das Schuljahr um ist, kommt hier keiner mehr rein. Heute gehen die Leute doch lieber ins Kaufhaus, sie wollen sich unbeengt fühlen, wollen die Ware anfassen und umhergehen. Wo sollten sie das denn hier machen?«

Inzwischen ist es Abend geworden, und Alfonso sitzt seit drei Stunden auf der Piazza San Gaetano und hofft, daß ihn irgendwer als Handlanger, als Klempner oder für irgendwas anderes braucht. Doch die Zeit vergeht und niemand wendet sich an ihn: Man hat den Eindruck, daß ganz Neapel an nichts anderes als die Silvesterfeier denkt. Alle, Männer und Frauen, haben es eilig und tragen Pakete nach Hause.

Alfonso Cannavale hätte bei jedem Paket sagen können, was es enthält. Man sieht es daran, wie einer es trägt, meint er. Wenn einer eine Plastiktüte einfach so, mit zwei Fingern hält, kann man sicher sein, daß nur ganz normale Eßwaren drin sind, Gemüse, Fleisch, Mozzarella oder andere Lebensmittel. Wenn aber die Person, die die Tüte trägt, ab und zu einen Blick darauf wirft, dann ist wahrscheinlich ein großer Aal für das Abendessen drin. Der macht sich, wenn er noch lebt, immer wieder bemerkbar, und deshalb muß der Besitzer ab und zu einen Blick darauf werfen, um zu sehen, ob noch alles in Ordnung ist. Wenn ein Herr mit einer Schachtel unter dem Arm vorbeikommt, die er vielleicht auch noch mit der anderen Hand festhält, dann kann man Wetten darauf abschließen, daß ein wertvolles Geschenk darin ist. Und die Pakete, die wie ein Tablett getragen werden, enthalten ohne den geringsten Zweifel entweder Sahnetörtchen oder Feuerwerkskörper. Die Knallkörper einfach unter den Arm zu klemmen oder sie in einer hin- und herbaumelnden Tüte zu tragen, wäre gefährlich, besonders, wenn außer den *Trictrac* auch ein paar von den *Kanonenschlägen* darunter sind, die explodieren, wenn man sie gegen eine Mauer wirft.

Auf alle Fälle sind an diesem Abend nur fröhliche Gesichter unterwegs. Die Glücklichen, denkt Alfonso, die haben keine Probleme. Aber unter all den Leuten, die an ihm vorbeigehen, entdeckt er keinen, den er so gut kennt, daß er ihn bitten könnte, ihm dreißigtausend Lire zu borgen. Vielleicht hätte er es bei Professor Bellavista, dem einzigen sympathischen Menschen, den er in den drei Stunden des Wartens gesehen hat, versuchen können. Aber gerade als er das tun wollte, hatte ihn der Mut verlassen: Bellavista war schließlich Philosophieprofessor und hielt nichts von derartigen Feiertagen.

»Alfò«, hatte er im letzten Jahr zu ihm gesagt, als Alfonso ihm seine Neujahrsglückwünsche überbracht hatte, »du meinst, daß heute das Jahr zu Ende geht, daß wir den 31. Dezember schreiben. Ich muß dir leider sagen, daß ich da gar nicht so sicher bin: Wenn sich im Jahr 1582 Gregor XIII. um seine eigenen Angelegenheiten gekümmert hätte, wären wir heute erst beim 20. Dezember angelangt, und Silvester würde auf den 11. Januar fallen. Aber glaub nur nicht, daß mit der gregorianischen Reform nun alles in Ordnung wäre: Alle hundert Jahre haben wir eine Abweichung um sechzig Zehnmillionstel Tage, und von den Buddhisten, für die das Jahr erst am 12. Januar aufhört, reden wir am besten überhaupt nicht. Und, falls es dich interessiert, ich bin auch mit dem Konzil von Nizäa, das die Tagundnachtgleiche auf den 21. März festlegt, nicht einverstanden. Deshalb sage ich dir: Heut nacht um halb zwölf leg ich mich in die Falle!«

Wenn jemand so mit einem redet, wie soll man den dann um dreißigtausend Lire bitten, damit man dieses offensichtlich so zweifelhafte Ereignis feiern kann? Nein, da war nichts zu machen, das Schicksal wollte, daß dieses Jahr genauso zu Ende ging, wie es angefangen hatte: in bitterem Elend. Es tat Alfonso nur wegen der Kinder leid, daß er kein Geld für Feuerwerkskörper hatte; die hatten sich so darauf gefreut.

»Es wäre hundertmal besser gewesen, ich wär in Amerika geblieben und hätte da gearbeitet«, grübelt Alfonso. »Dann wär ich jetzt nicht so arm dran. Sicher, manch einer wird sagen: ›Da würdest du genauso Hunger leiden.‹ Na gut, aber es wär amerikanischer Hunger, kein italienischer! In New York kriegt man dreihunderttausend Lire Arbeitslosenunterstützung pro Woche, also praktisch so viel wie in Italien ein Angestellter bei einem Ministerium nach zehn Dienstjahren! Und schließlich ist nicht ein Hunger wie der andere! Nein, da muß man schon wissen, wo einer hungert. Weil, in Amerika zu hungern ist eine Sache. In Italien zu hungern ist etwas ganz anderes, und in Äthopien wieder etwas anderes. Es kommt darauf an, sich ein Land zu suchen, wo es sich mit dem Hunger leben läßt.«

Auf dem Schild steht in riesigen Druckbuchstaben: BEI ANDREA DEM SPITZBUBEN, DEM KÖNIG DER FEUERWERCKER, MACHT MAN KEINE BLÖDEN WITZE ODER ANDERE UNZIEHMLICHKEITEN. Links und rechts ist es umrahmt von bunten Knallkörpern und ineinander verschlungenen bengalischen Feuern. In einer Ecke hängt ein Foto von Diego Maradona in Lebensgröße, darum herum eine in viele mit Schießpulver gefüllte Würste unterteilte Pappröhre. Über dem Kopf des Fußballstars wie ein Heiligenschein ein Feuerrad.

»Was kosten die bengalischen Feuer?« fragt Alfonso.

»Tausend Lire die ganz kleinen, zweitausend die zweifarbigen und dreitausend die weißrotgrünen«, erklärt *Andrea der Spitzbube* trocken.

»Und die Raketen ohne Knall?«

»Die, die man aus einer Flasche abschießt?«

»Ja, genau.«

»Dreitausend Lire, wenn Sie eine kaufen, ab zehn kriegen Sie sie für zweitausend das Stück.«

»Ach... ich möchte lieber zehn Heuler«, meint Alfonso, als könnte er sich die tatsächlich leisten. »Was kostet ein Heuler?«

»Ein einfacher oder ein Superheuler?« fragt Andrea zurück.

»Ein einfacher.«

»Fünfhundert Lire, und er heult todsicher.«

»Und ein Mehrfachknaller mit zwölf Schlägen?«

»Mannomann«, ruft *Andrea der Spitzbube* reichlich genervt aus. »Sagen Sie mal: Betreiben Sie Marktforschung über Feuerwerkspreise oder wollen Sie wirklich was kaufen?«

»Donn'Andrè«, antwortet Alfonso kleinlaut. »Ehrlich gesagt bin ich im Augenblick nicht besonders flüssig und deshalb wollt ich mich mal ein wenig über die Preise orientieren.«

»Wieviel können Sie denn ausgeben? Nennen Sie mir die Summe, und ich geb Ihnen dafür ein paar Sachen, mit denen Sie sich nicht verstecken müssen.«

»Wenn Sie es unbedingt wissen wollen: Es ist ziemlich wenig...«

»Schon verstanden: Keine einzige Lira haben Sie!«

»Ja, stimmt, aber wenn Sie mir vertrauen würden, in acht Tagen kann ich zahlen.«

»Junger Mann«, seufzt *Andrea der Spitzbube*. »Ich würde Ihnen gern helfen, aber glauben Sie mir: Wenn ich auf Kredit verkaufen würd, hätten mir die Neapolitaner den Laden schon längst leergeräumt. Als mein Vater gestorben ist, hat er zu mir gesagt: ›Mein Junge, von den Feuerwerkskörpern bleibt, wenn sie abgebrannt sind, nur Asche, und mit verliehenem Geld ist es genauso.‹«

»Schon richtig, aber wenn's doch nur um eine kleine Summe geht...«

»Wissen Sie, Sie kommen im falschen Augenblick: Heuer haben uns die Japaner übel mitgespielt. Der ganze Markt ist mit japanischem Feuerwerk überschwemmt, das kostet weniger und ist bunter. Und es wird sogar in Tabakwarenläden verkauft. Bei den Knallkörpern geht's noch. Aber bei den bunten Sachen, den Raketen und so, da haben sie uns bös erwischt. Kurz und gut, unser Industriezweig steckt in einer schlimmen Krise.«

»Und wie reagieren die neapolitanischen Feuerwerkshersteller darauf?«

»Die stellen jetzt Feuerwerkskörper her, die genauso aussehen wie die japanischen: kaufen – direkt in Japan – geblümtes Papier, schreiben Made in Japan drauf und verkaufen die Dinger als japanische.«

»Und helfen Sie mir jetzt, damit ich heut nacht nicht mit leeren Händen dasteh?«

»Junger Mann, ich hab Ihnen doch schon gesagt, daß ich keinen Kredit gebe: Das ist eine alte Firmentradition. Das einzige, was ich Ihnen geben kann, ist ein guter Rat: Wenn Sie fünftausend Lire haben, kaufen Sie sich dafür einen Kanonenschlag, nur eine einzige *Botta a muro,* aber dafür eine riesige, gigantische, praktisch eine kleine Atombombe. Im übrigen haben Sie, wenn ich das richtig sehe, gar keine Wahl: Wenn Sie vor Ihren Nachbarn nicht wie der letzte Depp dastehen wollen, müßten Sie mindestens dreihunderttausend Lire ausgeben. Unter dreihunderttausend sind Sie heute in Neapel gar nichts. Aber die *Botta a muro,* die ich Ihnen empfohlen hab, ist eine tolle Sache: da werden die Leute Augen machen.«

Als Alfonso nach Hause zurückkommt, schaut er weder seine Frau noch die Kinder an. Er holt einen Liter Milch, ein halbes Brathähnchen und ein paar Stücke Pizza aus der Einkaufstüte, legt alles auf den Eßtisch und sagt:

»Ich hab keinen Hunger, das ist für euch. Ich geh ins Bett.«

»Alfò, bei unserer Liebe«, fleht seine Frau, die die Tränen nur mit Mühe zurückhält, ihn an, »iß doch wenigstens mit uns!«

»Papa, hast du Kracher?« fragt sein Kleinster. »Und Sternwerfer?«

»Ihr eßt jetzt was, und dann geht's ab in die Falle!« befiehlt Alfonso in einem Ton, der keinen Widerspruch zuläßt. »Das Herumgeballere ist eine schreckliche Unsitte! Jedes Jahr gibt es Tote und Verletzte, und schließlich kritisieren sie uns alle deswegen, sogar Benedetto Croce! Aber ihr seid ja noch Kinder und habt mit Traditionen noch nichts am Hut. Deshalb ist es besser, wenn ihr gleich lernt, euch wie gesittete Menschen zu benehmen. Schluß mit dem Feiern und dem Geknalle! Bei uns gibt's nichts zu feiern.«

»Papa«, jammert Rafiluccio, der Älteste, »heute ist doch Silvester!«

»Nicht mal das ist sicher«, entgegnet Alfonso von der Schlafzimmertür aus, »es kann auch sein, daß heute erst der 20. Dezember ist.«

»Und warum knallt's draußen überall?«

»Die wissen das eben nicht.«

Gigino, der Kleine, fängt an zu weinen. Alfonso tut so, als würde er es nicht hören, zieht sich schweigend aus und legt sich ins Bett. Sie haben nur ein Schlafzimmer: Darin steht ein Ehebett und an dessen Fußende, quer davor, ein Einzelbett für die Kinder. Eine halbe Stunde später kommt auch der Rest der Familie. Alle legen sich hin, aber keiner schläft. Ab und zu hört man im Dunkeln Gigino leise schluchzen.

Auch ohne auf die Uhr zu schauen, könnte Alfonso genau sagen, wieviele Minuten vor zwölf es ist.

Noch fünf, noch vier, noch drei, noch zwei, noch eine... dann ist Mitternacht. Alfonso rührt nicht einmal den kleinen Finger. Er starrt wortlos zur Decke. Die Signora Giuseppina würde ihm gern einen Kuß geben, aber sie hat gemerkt, daß das jetzt nicht der richtige Moment ist, daß sie ihn heute nacht besser in Ruhe läßt. Auch die Kinder sind wach. Rafiluccio setzt sich im Bett auf und schaut den Vater stumm an: Seine Augen sind naß vor Tränen.

BUM, BUM, RA TA TA, PENG, BUM, RA TA TA TA, BUM. Neapel ist wie jedes Jahr völlig aus dem Häuschen. Das Krachen und Knallen reißt nicht ab: Nur wer im ersten Weltkrieg an der Front war, kann sich die Silvesternacht in Neapel in etwa vorstellen. Von Zeit zu Zeit läßt ein gigantisches Donnern die Schlafzimmerwände erbeben. Das Leuchten und Aufblitzen des Feuerwerks erhellt immer wieder die Milchglasscheibe des Fensters und läßt das Gesicht von Alfonso, der nach wie vor unverwandt an die Decke starrt, aufleuchten.

Ein Dutzend rhythmisch aufeinanderfolgender Explosionen läßt die Fensterscheibe heftiger vibrieren.

»Das war einer mit zwölf Schlägen«, kommentiert Alfonso leise. »Der hat letztes Jahr zweitausend Lire gekostet, und heute hat der Spitzbube dreitausend dafür gewollt: Möcht wissen, wie weit er's noch treiben will.«

Da verfärbt sich das Fenster plötzlich grün und gleich darauf rot und schließlich weiß.

»Das ist der Buchhalter D'Alessandro, da hat er nochmal ein Sperrfeuer auf drei Höhen losgelassen. Ich möcht wissen, wo der das Geld dafür hernimmt. Der arbeitet bei der Stadt, in der Friedhofsverwaltung. Wie soll einer denn bei der Friedhofsverwaltung zu so viel Geld kommen? Wenn man überlegt, jedes dreifarbige bengalische Feuer kostet dreitausend, und der brennt in jeder Reihe zwanzig ab, drei mal zwanzig macht sechzig, sechzig mal dreitausend macht hundertachtzigtausend Lire. Nackter Wahnsinn!«

Ein heftiges Donnern erschüttert das ganze Zimmer.

»Aha«, fährt Alfonso fort, »das muß die Atombombe gewesen sein, von der mir heut nachmittag *Andrea der Spitzbube* erzählt hat, die hat bestimmt Don Carmine Anzalone abgefeuert. Bei dem, was der mit seinen Eisenwaren verdient, kann er sich noch ganz andere Sachen leisten! Rechts hört man überhaupt noch nichts: Bebè Jannelli hat noch nicht angefangen. Der will wie immer am längsten durchhalten. So ein Idiot! Er meint, keiner würde merken, daß er später anfängt. Voriges Jahr hat er den ersten Knallfrosch erst um halb eins angezündet. So was versteh ich einfach nicht: Wenn ich weiß, daß ich mit Leuten vom Schlag eines Anzalone oder Coppola nicht mithalten kann, dann bleib ich eben im Hintergrund, damit ich mich nicht total blamiere. Da verpulver ich soviel, wie ich mir leisten kann, aber ich mach mich doch nicht lächerlich!«

Drei kleine Knaller, dann ein Riesengetöse, dann noch drei kleine und schließlich eine ganze Reihe von Heulern, einer nach dem anderen, und jeder endet mit einem lauten Knall.

»Mamma mia!« ruft Alfonso aus, der seit gut zehn Minuten den ganzen Lärm, der von draußen hereindringt, kommentiert. »Coppola ist zum Angriff übergegangen, und Anzalone antwortet ihm Schlag auf Schlag. Jannelli nutzt die Gelegenheit, um sich fürs Finale zu schonen. Den Buchhalter D'Alessandro läßt das alles kalt, der hat recht! Er brennt nur buntes Feuerwerk ab; und nachdem die letzten bengalischen Feuer abgebrannt sind, ist er fertig und macht die Balkontür zu. Vom Ingenieur Castorino hab ich noch gar nichts gehört: Der arbeitet doch beim Stadtbauamt... da müßte man schon mal zu einem kleinen Nebenverdienst kommen... strenggenommen müßte Castorino mehr Lärm machen als D'Alessandro. Da, die *Tric-trac* sind vom Vizepolizeipräsidenten Caradonna, nichts als Ramsch: dreihundert Lire das Stück. Und jetzt kommt das große Finale von Don Carmine Anzalone. Das merkt man gleich: Er macht jedes Jahr dasselbe –

abwechselnd Heuler und Kanonenschläge: Erst heult's, dann knallt's, dann heult's wieder, dann wieder ein Knall!«

Das Getöse nimmt kein Ende. Alfonso spitzt die Ohren und versucht herauszuhören, woher die Knaller stammen, die jetzt etwas weiter weg einer nach dem anderen explodieren, da hört er, daß seine zwei Kleinen leise weinen. Wutentbrannt springt er auf. Er holt die Kinder aus dem Bett und führt sie vor das Bild der Madonna von Pompei.

»Kinder«, ruft Alfonso mit traurigem Blick, eine Hand auf das Bild gelegt, »ich schwöre euch bei dieser schönen Mamma von Pompei, sobald Papa Geld hat, veranstaltet er ein Feuerwerk, das Neapel nicht so schnell vergißt!«

Seit einiger Zeit verschwindet Kommissar Di Domenico jeden Morgen, wenn er ins Büro kommt, sofort im Waschraum, um sich eine Tasse Kaffee zu machen. Dort hat er eine elektrische Heizplatte, eine kleine neapolitanische Kaffeemaschine und Kaffee für vier Tassen pro Tag.

»Die Bars werden immer teurer, da versorg ich mich halt selber«, erklärt er seinen Freunden. »Mal sehen, wer länger durchhält, die oder ich!«

Er hat seine Tasse noch nicht ausgetrunken, da tritt der Carabinierigefreite Colapietro ein.

»Commissario, draußen ist ein gewisser Cannavale. Den haben wir heute nacht wegen Ruhestörung festgenommen. Was soll ich mit ihm machen? Soll er reinkommen?«

»Was hat er denn angestellt?« fragt der Kommissar.

»Er hat mit Feuerwerkskörpern in der Gegend herumgeballert, mit Krachern und Kanonenschlägen, als ob Silvester wär. Die ganze Nachbarschaft hat sich aufgeregt.«

»Und deshalb haben Sie ihn festgenommen? Eine Verwarnung hätt's auch getan.«

»Ich weiß, das Problem ist nur, angerufen hat uns...«, erwidert Colapietro und flüstert dem Kommissar einen Namen zu.

»Ach so, ich verstehe«, seufzt Di Domenico mit zum Himmel gewandten Augen. »Na gut: Bring ihn rein, ich vernehm ihn. Übrigens, Colapietro, eh ich's vergesse, die Birne im Waschraum ist durchgebrannt: Schraub eine neue rein, aber schmeiß die alte nicht weg, die brauch ich noch!«

Colapietro kümmert sich um die durchgebrannte Lampe, und kurz darauf kommt er, begleitet von Alfonso, wieder herein.

»Setzen Sie sich hier hin«, sagt der Gefreite zu Alfonso Cannavale.

Der setzt sich und wartet. Eine unvergeßliche Nacht war das: Was für ein Feuerwerk. Raketen mit drei Sprengköpfen hat er abgeschossen, eine nach der anderen, und in der ganzen Via Luigi Settembrini haben die Leute am Fenster gestanden, um ihm zuzuschauen. Das war vielleicht ein Spaß! Rafiluccio und Gigino in ihren Kommunionsanzügen, und jeder von den beiden hat auf zehn weißrotgrüne bengalische Feuer und zwei Feuerräder aufgepaßt. In zwanzig Minuten hat die Familie Cannavale es geschafft, Feuerwerk für vierhunderttausend Lire abzubrennen, alles zu Ausverkaufspreisen direkt von der Fabrik in San Pietro a Patierno gekauft. Als Finale dann fünf Kanonenschläge Modell Hiroshima. Wenn man Alfonso glauben konnte, waren die bis zur Piazza Garibaldi zu hören. Und dann die Polizei: »Wer ist da?« – »Polizei« – »Und was wollen Sie?« – »Kommen Sie bitte mit!«

Der Kommissar schaut ihn noch nicht an: Zunächst verschwindet er mit der leeren Tasse im Waschraum, schließt sich ein, bleibt ein paar Minuten drin, dann ertönt die Toilettenspülung, und er kommt ins Büro zurück, in der Hand eine Glühbirne, die er in ein Schubfach seines Schreibtischs legt.

»Hier, das Protokoll«, sagt Colapietro und setzt sich an eine alte Schreibmaschine.

Di Domenico nimmt das Protokoll und legt es auf den Schreibtisch, dann zieht er seine Brille aus der Tasche und putzt sie mit einem Wildlederläppchen, das er aus der mittleren Schreibtischschublade holt. Alfonso meint, er wäre dann soweit, ihm zuzuhören, aber offensichtlich hat der Kommissar noch nicht alles vorbereitet, was er benötigt, um den Arbeitstag zu beginnen. Jetzt greift er zu einem Bleistiftstummel, der höchstens drei Zentimeter lang ist, spitzt ihn mit einer Rasierklinge an und steckt ihn dann in ein Verlängerungsstück aus Blech, damit er auch noch das letzte Stück benutzen kann. Nun endlich beginnt er das Protokoll zu lesen, signiert es mit dem Bleistift, legt es rechts von sich ab, schaut Alfonso an und sagt zu ihm, so als würde er einen bereits begonnenen Satz fortführen:

»Und mitten in der Nacht überkommt Sie's auf einmal, und Sie fangen an herumzuballern!«

»Mitten in der Nacht? Genau um Mitternacht, Commissario, wie's die Tradition verlangt«, erwidert Alfonso.

»Welche Tradition? Am 12. Januar?«

»Richtig, Commissario, am 12. Januar: Ich bin Buddhist!«

»Cannavà«, entgegnet der Kommissar in schärferem Ton, »wenn Sie hier um acht Uhr morgens den Witzbold machen wollen, nur zu, ich werde Ihnen schon helfen. Ich schick Sie in den Knast nach Poggioreale, da können Sie sich in Ruhe auslachen.«

»Nein, ich wollte doch damit nur sagen, daß manche Religionen den Jahreswechsel an einem ganz anderen Tag feiern.«

»Richtig, nur feuern diese Religionen bei der Gelegenheit keine Knallkörper ab. Genau das haben Sie gemacht. Hat Ihnen die Silvesternacht nicht gereicht?«

»Nein, an Silvester hab ich nämlich überhaupt kein Feuerwerk gemacht: ich hatte keine einzige Lira.«

»Das ist noch lange kein Grund, am 12. Januar in der Gegend herumzuballern.«

»Sie haben gut reden: Erklären Sie das mal meinen Kindern! Ich hab wirklich mein Bestes getan, um an Silvester mithalten zu können, aber es ist einfach alles schiefgelaufen: Ich hab mit Mühe und Not das Geld für einen Liter Milch und ein halbes Brathähnchen zusammengekriegt. Commissario, verstehen Sie doch: In der Silvesternacht war ich für meine Kinder ein Versager.«

»So ein Blödsinn!« ruft der Kommissar aus. »Ein Versager! Ich hab nicht mithalten können! Also, ihr Neapolitaner seid doch alle krank: Wenn einer an Silvester nicht drauflosballert, ist er gleich ein Versager! Ich hab dieses Jahr auch nichts verschossen, und trotzdem fühle ich mich nicht als Versager.«

»Haben Sie keinen einzigen Knaller losgelassen?« fragt Alfonso ungläubig.

»Nein«, erklärt Di Domenico, »aus Protest gegen die Preissteigerung bei den Feuerwerkskörpern habe ich dieses Jahr überhaupt keine gekauft. Ich hab mich darauf beschränkt, zehn durchgebrannte Glühbirnen, die ich das Jahr über aufgehoben habe, aus dem Fenster zu werfen. Lärm gemacht hat das auch, und es hat mich nicht eine einzige Lira gekostet.«

»Durchgebrannte Glühbirnen?«

»Jawohl, durchgebrannte Glühbirnen. Hier bitte, sehen Sie, daß ich die Wahrheit sage«, beteuert der Kommissar und zieht die Glühbirne, die er eben in die Schublade gelegt hat, heraus. »Die hab ich gerade heute morgen beiseite gelegt.«

»Na ja, Commissario«, meint Alfonso versöhnlich gestimmt, »aber es ist doch kein so schweres Verbrechen, ein paar Kracher loszulassen!«

»Das sagen Sie, mein Guter. Das Strafgesetz ist da anderer Meinung: Warten Sie mal, ich les es Ihnen vor.«

Der Kommissar greift zu einem Gesetzbuch, das auf seinem Schreibtisch steht, und blättert es eilig durch.

»Also... wollen mal sehen... Artikel 685... nein, da geht's um aufrührerische Betätigung... da haben wir's, Artikel 703: ›Wer ohne behördliche Genehmigung an einem bewohnten Ort oder in unmittelbarer Nähe eines solchen bzw. an einer öffentlichen Straße oder längs ihrem Verlauf Schußwaffen abfeuert, Raketen abschießt oder Heißluftballons mit offener Flamme aufsteigen läßt...‹«

»Der was aufsteigen läßt?«

»Heißluftballons mit offener Flamme... Montgolfieren, Stratosphärenballons.«

»Das hab ich doch gar nicht gemacht!«

»Ja, ich weiß, aber das Gesetz muß für alle denkbaren Fälle vorsorgen. Und bitte, da haben wir ja schon das, was Sie betrifft: ›... oder Feuerwerkskörper entzündet oder gefährliche Brände oder Explosionen jeglicher Art hervorruft, wird mit einer Geldstrafe von vierzigtausend Lire und bis zu einem Monat Haft bestraft.‹ Vierzigtausend Lire und bis zu einem Monat Haft, Cannavà!«

»Das find ich übertrieben!« kommentiert Alfonso erschrocken. »Einen Monat Haft für einen armen Kerl, der einmal im Leben einen Grund zum Feiern hat. Aber wer hat mich eigentlich angezeigt?«

»Einer Ihrer Nachbarn.«

»Hab schon verstanden: Das wird der Bebè Jannelli gewesen sein, der Schweinehund. Glauben Sie mir, Commissario, das ist ein fieser Kerl!«

»Nein, nein, es war nicht Jannelli.«

»Und wer war es dann? D'Alessandro? Anzalone, Coppola?«

»Na gut, ich werd's Ihnen sagen, damit Sie Ihren Seelenfrieden finden. Dann wissen Sie, mit wem Sie's zu tun haben und sind in Zukunft etwas vorsichtiger. Lieber Cannavale, Sie wohnen direkt gegenüber von meinem unmittelbaren Vorgesetzten, dem Vizepolizeipräsidenten Caradonna. Der hat Anzeige erstattet. Und deshalb kann ich nicht so tun, als ob gar nichts gewesen wäre. Was soll ich Ihnen sagen: Sie sind ein Pechvogel!«

»Commissario«, setzt Alfonso zu einer Frage an und deutet auf das Strafgesetzbuch. »Als Sie vorhin vorgelesen haben, diesen Artikel...«

»703.«

»...den Artikel 703. Ich glaub, ich hab nichts davon gehört, daß das Gesetz eine Ausnahme für diejenigen vorsieht, die am 31. Dezember ein Feuerwerk veranstalten.«

»Nein, das Gesetz sieht keine Ausnahmen vor.«

»Dann möchte ich, wenn Sie erlauben, Anzeige gegen meinen Nachbarn, den Vizepolizeipräsidenten Caradonna erstatten, weil er am 31. Dezember in der Via Luigi Settembrini oder längs ihrem Verlauf Feuerwerkskörper abgeschossen hat, Dutzende von diesen abscheulichen Krachern zu dreihundert Lire, und weil er damit mich und meine Familie mitten in der Nacht aus dem Schlaf gerissen hat.«

»Gut, Cannavà, ich hab verstanden«, beendet Di Domenico das Gespräch und steht auf. »Quittieren Sie mir die Verwarnung und verschwinden Sie!«

Colapietro will gerade ein leeres Blatt in die Schreibmaschine einspannen, da hält ihn der Kommissar zurück.

»Colapiè, was machst du? Ein neues Blatt? Nimm das alte Protokoll, schreib's auf der Rückseite und laß ihn unterschreiben.«

Sokrates und die Stoßstange

Sokrates: Lieber Phaidros! Woher kommst du und wohin führt dich dein Weg?
Phaidros: Ich komme von Lysias, dem Sohn des Kephalos, o Sokrates. Jetzt verlasse ich die Mauern unserer Stadt, denn um mir ein gebrauchtes Auto zu kaufen, möchte ich einen Gebrauchtwagenmarkt besuchen, der, wie man mir sagte, vor kurzem an der Straße nach Eleusis eröffnet wurde.
Sokrates: Da du entschlossen bist, ein Auto zu kaufen, warum wartest du nicht, bis du genug Geld hast, um einen Neuwagen zu erwerben?
Phaidros: Da ich noch nicht über ausreichende Fahrpraxis verfüge, möchte ich lieber auf einem gebrauchten üben. Warum aber hast du, o Sokrates, obgleich du über die nötigen Mittel verfügst, dir nie ein Auto gekauft?
Sokrates: Wozu?
Phaidros: Um damit zu fahren, wohin es dir beliebt.
Sokrates: Und wohin sollte ich fahren?
Phaidros: Na, ich weiß nicht... zur Agora zum Beispiel, da du doch im Demos Alopeke wohnst und gezwungen bist, jeden Morgen mehr als eine halbe Stunde zu Fuß zu gehen...
Sokrates: Und du meinst, es würde mir mißfallen, zu Fuß zu gehen?
Phaidros: Das glaube ich, o Sokrates.
Sokrates: Ganz im Gegenteil, lieber Phaidros, ich habe so viel Freude am Spazierengehen, daß ich, wenn ich reich wäre und einen Wagen besäße, nur, um meinen Chauffeur nicht entlassen

zu müssen, diesem das Auto anvertraute und ihn im Schrittempo hinter mir herfahren ließe. Und meinst du nicht auch, ich verlöre, wenn ich mich nur noch im Auto fortbewegte, jede Möglichkeit, meine Freunde zu treffen, ein wenig zu verweilen und mit ihnen zu sprechen?

Phaidros: Du magst recht haben, was kurze Entfernungen angeht, für lange Strecken aber gilt das nicht. Wie könntest du, ohne Automobil, in kurzer Zeit ferne und sehenswerte Orte erreichen?

Sokrates: Xenophanes ist, wie man erzählt, siebenundsiebzig Jahre lang kreuz und quer durch die Welt gezogen und sogar bis ins ferne Elea gelangt, und soviel ich weiß, hat er niemals auch nur einen Fiat 500 besessen. Aber selbst wenn wir, einfach so, aus Liebe am Gespräch, einmal annehmen, daß ein Auto unverzichtbar ist, wenn man die Welt durchstreifen will, so stellt sich doch immer noch die Frage, ob es einen guten Grund gibt, dies zu tun?

Phaidros: Welch eine Frage! Das tut man, um sich alles anzusehen, um sich an der Natur zu erfreuen. Hast du jemals die Anhöhen gesehen, die Pylos umgeben? Die Felsen und Klüfte des Kithairon? Die Olivenbäume, die die liebliche Landschaft Thessaliens beleben? Willst du am Ende gar sterben, ohne all diese Dinge kennengelernt zu haben?

Sokrates: Mach mir die Freude, o Phaidros, und sage mir, der ich leidenschaftlich gerne etwas dazulerne: Was sollte ich deiner Meinung nach von den Felsen, Klüften und Bäumen lernen, wo ich doch noch so viel von den Menschen zu lernen habe. Und Menschen gibt es, finde ich, hier in Athen so viele, daß ich nicht gezwungen bin umherzustreifen, um noch mehr von ihnen aufzuspüren. Und schließlich will ich dich an einem Zweifel, den ich hege, teilhaben lassen.

Phaidros: Nenn ihn mir, ohne zu zögern.

Sokrates: Ich glaube, daß Autofahrer in der Regel Menschen sind, die für die Schönheiten der Natur nicht sonderlich empfänglich sind. So habe ich nicht ein einziges Mal einen von ihnen längs des Weges anhalten sehen, um die Landschaft zu bewundern. Das einzige Ziel, das sie ihr Leben lang verfolgen, scheint es zu sein,

auf der Autobahn von Ausfahrt zu Ausfahrt dahinzujagen, eine bestimmte Entfernung in einer genau festgelegten Zeit zurückzulegen.
Phaidros: Du hast recht, o Sokrates. Doch sieh, da kommt Aristogamos! Er ist, wie du weißt, Direktor bei Alfa Romeo und könnte uns als solcher zu diesem Thema interessante Erläuterungen geben.
Aristogamos: Wovon sprecht ihr, Freunde, und wie lautet das Problem, zu dem ihr unterschiedlicher Meinung seid?
Phaidros: Ich schicke mich an, ein Automobil zu erwerben, da ich es für unverzichtbar halte, Sokrates hingegen vertritt die Ansicht, es sei zu überhaupt nichts nütze.
Sokrates: Ich hielte es für nützlich, wenn ich, zu meinem Unglück, gelähmt wäre und meine Beine nicht gebrauchen könnte.
Aristogamos: Das einzige, was wirklich unnütz ist, lieber Phaidros, ist der Versuch, mit Sokrates über den Fortschritt zu sprechen. Wie kannst du, der du doch seine Sympathie für die Kyniker und für Antisthenes kennst, glauben, daß er, der nicht einmal die Nützlichkeit von Schuhen erkannt hat, sich die des Automobils eingestehen könnte? Sokrates sieht nicht, oder will vielleicht nicht sehen, daß der Fortschritt die Lebensweise der Menschen verändert hat.
Sokrates: Ich glaube, daß all das, was dieser neue Gott, den du Fortschritt nennst, uns gebracht hat, nur eine Reihe von künstlichen »Körperfortsätzen« ist. Das Automobil ist ein Fortsatz der Füße, das Telefon ein Fortsatz der Ohren, das Fernsehen hat diese Funktion für das Auge, und der Computer für das Gehirn; aber keinem dieser Ergebnisse verbissener Tüftelei ist es meines Wissens gelungen, den Menschen in seinem Innersten zu verändern. So vergehen die Jahre, und ungeachtet der neuen Fortsätze, die auf den Markt kommen, verhalten sich die Menschen genauso wie zuvor. Gibt es denn nicht auch heute noch Menschen, die ehrgeizig sind wie Alkibiades, eifersüchtig wie Menelaos und mißgünstig wie Thyestes? Wenn, was ich sehr hoffe, der Fortschritt eines Tages in der Lage ist, uns zu einem erschwinglichen Preis

auch zu Liebe und Freiheit zu verhelfen, dann, lieber Aristogamos, werde ich zu einem seiner glühendsten Verehrer.

Aristogamos: Lieber Sokrates, du lebst noch immer mit dem Kopf in den Wolken. Aristophanes hat recht, wenn er sich über dich lustig macht. Wenn es nach dir ginge, würden die Menschen noch immer auf den Bäumen schlafen und wären am ganzen Körper behaart.

Sokrates: Da du die Gefahren des Fortschritts unterschätzt, will ich dir erzählen, was mir Parmenides gesagt hat, als ich ihn im Haus des Pythodoros traf. Etwas nördlich von Elea am Meer scheint eine große, sehr eindrucksvolle und bevölkerungsreiche Stadt zu liegen, Neapolis genannt. Zeus hat diese Stadt sehr geliebt, und so gibt es, wie man sagt, keinen schöneren Golf auf der Welt als den von Neapolis. In ihm liegen einige höchst bezaubernde Inseln, die sich um die Stadt schmiegen wie eine Perlenkette um den Hals einer orientalischen Königin, und das Blau des Himmels darüber ist leuchtender als das der Augen des Glaukon. Auch Hephaistos scheint zu dieser Szenerie beigetragen zu haben, indem er dafür sorgte, daß einer seiner Schmiedeöfen, ein Berg namens Vesuv, Lava ausspie und dadurch die archäologischen Stätten von Pompei und Herculaneum für zukünftige Generationen bewahrte. Aufgrund all dieser Sehenswürdigkeiten war Neapolis in den letzten beiden Jahrhunderten eines der beliebtesten Ziele für Touristen aus aller Welt. Die Engländer haben sogar einen Werbeslogan für die Stadt geprägt: »Neapolis sehen und sterben«, was heißen soll, daß es keinen Sinn hat, noch weiterzuleben, nachdem man das Schönste, was die Natur zu schaffen vermochte, gesehen hat.

Aristogamos: Warum erzählst du uns das alles, o Sokrates, und was hat die Schönheit von Neapolis mit der Nützlichkeit des Automobils zu tun?

Sokrates: Wenn du etwas Geduld hast, bester Freund, dann werde ich dir zeigen, daß diese Blechkiste auf vier Rädern, die du Automobil nennst, mächtiger als Zeus und Hephaistos zusammengenommen sein kann.

Phaidros: Sprich nur, Sokrates, wir werden dir aufmerksam zuhören.
Sokrates: Wie ich euch gesagt habe, war Neapolis ein Ziel der Touristen und der Gelehrten, bis es durch Verschulden des Automobils plötzlich aus den Programmen aller Reiseveranstalter gestrichen wurde. Der chaotische Verkehr, der Lärm der Hupen, die Staus, die es einem unmöglich machen, sich schnell von einem Ende der Stadt zum anderen zu begeben, das alles hat dafür gesorgt, daß es die Touristen heute vermeiden, in den Hotels dieser Stadt zu verweilen, und nur die Strecke vom Flughafen zum Landungssteg der Tragflächenboote befahren.
Aristogamos: Und du meinst, Neapolis würde wieder aufblühen, würde man nur das Automobil aus ihr verbannen?
Sokrates: Da habe ich nicht den geringsten Zweifel. Auch weil Neapolis noch von einer anderen Plage heimgesucht wird, von der Camorra.
Phaidros: Was ist das, die Camorra – eine Krankheit?
Sokrates: In gewisser Weise, lieber Phaidros, ist sie eine soziale Krankheit, die sogar zum Tod führen kann. Die Camorra ist eine Vereinigung von Banditen, die die ganze Stadt erpressen und terrorisieren.
Aristogamos: Und was hat die Camorra mit dem Automobil zu tun?
Sokrates: Es sollte dir klar sein, daß der Besitz eines Automobils für solche Banditen unverzichtbar ist, da doch jedes verbrecherische Unterfangen mit der Flucht endet. In anderen Worten, man kann nicht eine Bank ausrauben und anschließend auf den Bus warten. Und dann, je mehr der Mensch an Gefühlen verarmt und anfällig wird für den schlechten Geschmack, desto dringender ist er auf das Automobil angewiesen. In der Nähe von Neapolis gibt es zwei Inseln, die ein konkretes Beispiel für das sind, was ich euch beweisen will. Diese beiden Inseln heißen Capri und Ischia. Die erste ist wegen der Enge ihrer Straßen für den Kraftfahrzeugverkehr gesperrt und wird deshalb von einem gebildeten und anspruchsvollen Publikum besucht. Bei der zweiten stoßen wir auf

das genaue Gegenteil: Obwohl sie ebenso prachtvoll mit Naturschönheiten ausgestattet ist, erlebt sie jeden Sommer die Invasion einer Schar motorisierter Wilder, die sie unbewohnbar macht. Aufgrund dieser Überlegungen bin ich zu der Auffassung gelangt, daß Neapolis in einem einzigen Tag alle seine Probleme lösen könnte, vorausgesetzt, das gesamte Stadtgebiet würde für Autos gesperrt, und man begnügte sich mit öffentlichen Verkehrsmitteln: Die Verbrecher würden anderswohin verschwinden, und die Touristen kämen in Scharen zurück in dieses wiedergewonnene Paradies.

Aristogamos: Glaubst du, daß die gleiche Gefahr auch für Athen besteht?

Sokrates: Ohne Zweifel. Es sei denn, man sperrt auch hier ab sofort die Stadt für den Autoverkehr.

Phaidros: Wahrscheinlich, o Sokrates, hast du recht: Aber da ich mehr als zwanzig Jahre lang ein armer Fußgänger gewesen bin und immer zusehen mußte, wie die anderen in ihren Autos herumfuhren, halte ich es nur für gerecht, daß jetzt, wo die Reihe an mir ist, auch ich, wenigstens für die nächsten zwanzig Jahre, vom Rausch der Geschwindigkeit kosten kann. Danach werde ich mich vielleicht zu deinen Ansichten bekehren.

Sokrates: Ich fürchte, mein lieber Freund, es wird schwierig sein, in Athen vom Rausch der Geschwindigkeit zu kosten. Hast du noch nicht bemerkt, daß es von Tag zu Tag schwieriger wird, die Altstadt zu durchqueren?

Aristogamos: Und welche Vorkehrungen würdest du, der Weiseste von uns, den Verkehrsplanern vorschlagen, um den Verkehr in unserer Stadt flüssiger zu gestalten?

Sokrates: Ich würde Sonderspuren einrichten, die nur gut ausgenutzte Autos befahren dürften.

Aristogamos: Wie meinst du das, gut ausgenutzt?

Sokrates: Ich würde diejenigen bestrafen, die alleine im Auto fahren. Wenn ich morgens aus dem Haus gehe, stelle ich fest, daß in fast allen vorbeifahrenden Autos nur eine Person sitzt: der Fahrer. Das bedeutet, daß die Athener jeden Morgen einige hunderttausend Kubikmeter Luft quer durch die Stadt spazierenfahren. Bei Anwendung meiner Methode dürften aber in den besonders überlasteten Stadtteilen, insbesondere in der Altstadt, nur Autos mit wenigstens drei Insassen verkehren. Diese Bestimmung würde die Angestellten dazu bringen, sich zusammenzutun und in Dreiergruppen ins Büro zu fahren, und das würde auch die Kommunikation und das Verständnis zwischen den Menschen fördern.

Aristogamos: Ich fürchte, daß es lediglich einen neuen Beruf entstehen lassen würde: den des Mitfahrers.

Phaidros: Ach übrigens, Aristogamos, wie kommt es, daß du heute allein unterwegs bist und nicht mit deinem Freund Meneandros?

Aristogamos: Ich bin ja gerade hierher, zur Säulenhalle des Zeus Eleutherios gekommen, weil ich an diesem Ort mit ihm verabredet bin.

Phaidros: Habt ihr für den Rest des Tages schon etwas vor, oder könnt ihr ein wenig im Gespräch mit uns verweilen?

Aristogamos: Nein. Meneandros kommt mit seinem Auto, einem Land-Rover, wir wollen nach Phaleron fahren und in einem Gasthaus Fisch essen, wo man ihn seinen Worten zufolge ausgezeichnet zubereitet.

Sokrates: Gerade heute morgen hab ich Meneandros gesehen, als er auf einem kleinen Platz neben dem Tempel der Artemis sein Auto gewaschen hat. Ich glaube nicht, daß er jemals so viel Sorgfalt auf sich selbst verwendet und auch nicht auf seine Frau, die arme Kalimno. Nachdem er den Wagen mit einem Purpurtuch aus Tyros trockengerieben hatte, trat er ein paar Schritte zurück, um ihn besser betrachten zu können und sich dann erneut darüber zu beugen und zärtlich jeden Spalt zu liebkosen, als wäre es seine Geliebte. Ich habe schon oft gesehen, daß sich Sklaven so zu schaffen machten wie Meneandros, aber von einem rechtschaffenen Athener habe ich das nicht erwartet. Jedesmal, wenn er das Auto berührte, war zu sehen, wie ihm der Kontakt außergewöhnliches Vergnügen bereitete, ein Vergnügen, das

demjenigen gleichen muß, das die Priester der Athene empfinden, wenn sie die Erlaubnis erhalten, die Statue der Göttin zu berühren.
Phaidros: Viele Athener lieben ihr Auto auf solche Weise, o Sokrates, ich verstehe nicht, warum du dich so darüber wunderst.
Sokrates: Es tut mir leid, wenn ich dich enttäuschen muß, lieber Phaidros, aber es gelingt mir einfach nicht, dieses Gefühl zu verstehen. Ich gebe zu, daß auch ich Schwächen habe: Ich bewundere den Busen der Phryne und bin geneigt, den fleischlichen Gelüsten nachzugeben, wenn ich den Körper des Sohnes von Kleinias betrachte, aber ich glaube nicht, daß mir je irgendein »Geländewagen« begehrenswerter erscheinen könnte als Phryne oder Alkibiades.
Aristogamos: Jede Generation hat ihre Fetische, ihre Mythen. Vielleicht, bester Sokrates, bist du einfach alt geworden.
Sokrates: Aber wieso bemühst du, Aristogamos, der du in der Kraftfahrzeugindustrie arbeitest, dich nicht in deiner Firma darum, daß das Automobil, dieses schreckliche Ding, verbessert wird?
Aristogamos: Was willst du daran noch verbessern? Das Auto hat doch bereits die größtmögliche Perfektion erreicht.
Sokrates: Keineswegs: Meiner Meinung nach ist es eine völlige Fehlkonstruktion, und ich könnte dir das durchaus beweisen, vorausgesetzt, du hast Lust, mir zuzuhören.
Aristogamos: Wie ich dir bereits gesagt habe, warte ich hier auf Meneandros. Da ich sonst nichts zu tun habe, sehe ich keinen Grund, wieso ich mir deine Phantastereien nicht anhören sollte.
Sokrates: Der größte Konstruktionsfehler bei allen Autos ist die Stoßstange.
Aristogamos: Die Stoßstange? Aber wieso denn?
Sokrates: Weil sie, so wie sie konstruiert ist, keine defensive Einrichtung ist, was sie meinen Vorstellungen zufolge sein sollte, sondern eine Angriffswaffe, so daß sie wohl richtiger »Zustoßstange« heißen müßte.
Aristogamos: Könntest du das noch etwas verdeutlichen, o Sokrates?

Sokrates: Meiner Ansicht nach müßte es eine gesetzliche Vorschrift geben, derzufolge die Stoßstangen aller Autos in der gleichen Höhe anzubringen sind, damit sie ihrer Funktion wirklich bestmöglich gerecht werden können. Solange das nicht so ist, wird es immer wieder vorkommen, daß die Stoßstange eines Autos die Karrosserie eines anderen beschädigt und umgekehrt die Stoßstange des zweiten die Karrosserie des ersten. Habe ich recht, o Phaidros?
Phaidros: Du hast vollkommen recht, o Sokrates.
Sokrates: Mit diesen Fragen müßte sich Perikles befassen, wenn er zur Vollversammlung der UNO eingeladen wird. Da all die internationalen Organisationen dieser Art in bezug auf die großen Probleme sowieso nichts erreichen, sollten sie sich besser mit solchen Kleinigkeiten befassen. Die Stoßstange müßte, um ihren Zweck zu erfüllen, immer genau auf eine andere Stoßstange treffen. Andernfalls hätte sie die gleiche Wirkung wie die Rammsporne, die Gaius Duilius an den römischen Schiffen anbringen ließ, um die Karthager zu besiegen. Und da wir uns daran machen müssen, das Auto der Zukunft zu entwerfen, gestattet mir, euch darzulegen, was alles ich verändern würde.
Phaidros: Sprich, o Sokrates, denn deine Überlegungen können für mich, der sich anschickt, ein Auto zu kaufen, sehr nützlich sein.
Sokrates: Erstens: Dieses Auto darf nur über zwei Sitzplätze verfügen, und es darf nicht länger sein, als die heutigen Autos breit sind, so daß man stets mit der Schnauze zum Gehsteig parken kann. Viele Leute meinen noch immer, ein großer Wagen sei bequemer als ein kleiner, obwohl doch die Bequemlichkeit eines Autos vor allem daran zu messen ist, wie leicht man einen Parkplatz findet, in den es hineinpaßt.
Aristogamos: Und wenn nun jemand gezwungen ist, mit seiner ganzen Familie zu verreisen?
Sokrates: Der sollte sich zunächst fragen, ob er diese verflixte Reise tatsächlich machen muß, und sich dann, falls die Antwort positiv ausfällt, für das Geld, das er durch den Kauf eines kleineren Autos gespart hat, Bahn- oder Flugzeugtickets kaufen.

Aristogamos: Ich fürchte, o Sokrates, du würdest die gesamte Autoindustrie in kürzester Zeit in den Ruin treiben.
Sokrates: Zweitens: Die Höchstgeschwindigkeit der Autos darf nicht mehr als sechzig Stundenkilometer betragen. Heute werden Wagen gebaut, die mehr als zweihundert Kilometer pro Stunde fahren können. Und da möchte ich von den Kraftfahrzeugherstellern und den zuständigen Behörden doch gerne eines wissen: Da selbst auf den Autobahnen bei uns die Höchstgeschwindigkeit per Gesetz auf einhundertvierzig Stundenkilometer begrenzt ist, wo kann man da die Leistung dieser Autos eigentlich ausnutzen?
Aristogamos: Die Gesetze schränken die tatsächliche Geschwindigkeit ein, nicht die mögliche Höchstgeschwindigkeit.
Sokrates: Du kennst meine Einstellung zu den Gesetzen. Stell dir vor, daß mich eines Tages auf der Autobahn Athen - Marathon, wo ich gerade mit zweihundert Stundenkilometern dahinfahre, die Gesetze überholen, mich anhalten und zu mir sagen: »O Sokrates, was hast du vor, daß du solcherart dahinrast? Du sinnst doch nicht etwa darauf, mit deiner überhöhten Geschwindigkeit uns, die Gesetze, zu zerstören, und mit uns die ganze Nation? Du weißt, daß in diesem Land alljährlich über achttausend Menschen bei Verkehrsunfällen ihr Leben verlieren? Kannst du uns sagen, wie du jetzt die sieben Minuten nutzt, die du durch dein schnelles Fahren gewonnen hast?« Nun, Aristogamos, da frage ich dich: Was würden wir auf diese und ähnliche Fragen antworten?
Aristogamos: Bei deiner Argumentation, o Sokrates, führst du ausschließlich Nützlichkeitserwägungen an und unterschätzt die Freude am Überflüssigen, den Rausch der Geschwindigkeit, den Schauer beim Vordringen in Grenzbereiche, die Reinheit eines aerodynamischen Profils. Das Auto, nach dem du dich sehnst, ist ein Eselskarren.
Sokrates: Das kann man nicht sagen, ich werde versuchen, es dir zu beschreiben. Das Auto, so wie es meinen Vorstellungen gemäß in der Ideenwelt meines Schülers Platon zu finden ist, ist ringsum von einer robusten, zwanzig Zentimeter hohen und ebenso dicken Gummistoßstange umgeben.

Aristogamos: Aber das Auto, das du beschreibst, gibt es bereits, denke nur an die Autoskooter auf den Volksfesten! Es würde sich doch jeder schämen, wenn er sich mit so einem Auto sehen lassen müßte.
Sokrates: Doch dafür hätten die Autofahrer bessere Laune. Heute machen alle, die hinter dem Steuer sitzen, ständig ein grimmiges Gesicht. Sie fürchten, in Kontakt mit anderen Autos zu kommen und sehen in den anderen Fahrern lauter Feinde, gegen die sie sich zur Wehr setzen müssen. Dank meiner Gummipuffer müßten wohl viele Reparaturwerkstätten schließen, und die Versicherungsprämien würden sinken. Es könnte richtig Spaß machen, sich, während man vor der Ampel wartet, gegenseitig anzustoßen. Aber da kommt Meneandros mit seinem Wagen.
Phaidros: O Meneandros, wir warten auf dich, und insbesondere ich war sehr neugierig auf dein Auto. Sag mir alles, was du über dieses Modell weißt, damit ich mir eine Meinung bilden kann.
Meneandros: Es ist ein Landrover, ein Geländewagen.
Sokrates: Was soll das heißen; ein Geländewagen?
Meneandros: Das bedeutet, daß man mit diesem Auto auch abseits einer asphaltierten Straße bequem fahren kann.
Sokrates: Und fährst du häufig abseits von asphaltierten Straßen?
Meneandros: Nein, nie.
Sokrates: Und wozu hast du dir dann einen Geländewagen gekauft?
Meneandros: Weil er viel schöner ist als die normalen Autos.
Sokrates: Ich fürchte, ich verstehe die Jugend von heute nicht mehr. Aber ich glaube, daß mir wie gewöhnlich Parmenides zu Hilfe kommen könnte.
Meneandros: Auch ich habe gewisse Schwierigkeiten, dich zu verstehen, o Sokrates. Was hat denn jetzt dieser Parmenides mit unserem Gespräch zu tun?
Sokrates: Mein Freund Parmenides ist ein alter Philosoph aus Süditalien, der von der fixen Idee besessen ist, alle menschlichen Handlungen und alle Gegenstände entweder dem Seienden oder dem Nichtseienden zuzuordnen. Ich nun bin sicher, auch

ohne ihn diesbezüglich gefragt zu haben, daß er, wäre er hier unter uns, deinen Landrover unter die Dinge rechnete, die nicht sind.

Meneandros: Soll das ein Witz sein? Sag dem Herrn Parmenides, daß mein Landrover ein Auto ist, das, da es gut vier Talente kostet und mich alle jungen Athener darum beneiden, sicher zum Seienden gehört. Und sollte er noch irgendwelche Zweifel haben, lade ich ihn zu einer kleinen Probefahrt aufs Land ein und zeige ihm, was für eine Kurvenlage es hat und wie schnell es auf hundertfünfzig Stundenkilometer beschleunigt.

Sokrates: Ich glaube nicht, daß Parmenides den Wert des Seienden an seinem Preis oder gar an der Geschwindigkeit mißt. Ja, er ist, was das angeht, ganz im Gegenteil überzeugt, daß sich dein Wagen überhaupt nicht in Bewegung setzen kann. Parmenides bestreitet nämlich, daß es so etwas wie Bewegung überhaupt gibt.

Meneandros: Dieser Parmenides muß verrückt sein. Wenn er wirklich dein Freund ist, dann geh mit ihm zu Hippokrates, damit der ihn wieder zur Vernunft bringt.

Sokrates: Wenn er selbst mit dir sprechen könnte, wäre seine erste Frage an dich: »Was ist das, ein Automobil?«

Meneandros: Und ich würde ihm antworten: Es ist ein selbstbewegliches Transportmittel, das mit Rädern und einigen für seine Handhabung nützlichen Zubehörteilen, wie zum Beispiel einem Lenkrad, einem Gaspedal, Bremsen und so weiter, ausgestattet ist.

Sokrates: Ausgezeichnet. Aber auch ein kleiner Fiat 126, der nur wenige Minen kostet, hat all dieses Zubehör, oder irre ich mich?

Aristogamos: Du hast recht, o Sokrates.

Sokrates: Und warum hast du, Meneandros, dann vier Talente ausgegeben, um dir ein Auto zu kaufen, das auch nicht mehr kann als ein anderes, das nur ein paar Minen kostet?

Meneandros: Aber was redest du da, o Sokrates! Die, die dich den »Verrückten von Alopeke« nennen, haben doch recht. Meinen Landrover mit einem 126er Fiat zu vergleichen! Genauso könnte man sagen, daß deine Xanthippe und die Göttin Aphrodite ein und dieselbe Frau sind, nur weil sie beide die gleiche Anzahl von Armen und Beinen haben! Du läßt die Schönheit, den Komfort und nicht zuletzt das Prestige, mit dem ein Auto wie der Landrover seinen Besitzer beglücken kann, völlig außer acht.

Sokrates: Da wollte ich dich haben, mein junger Freund. Ich habe es gemacht wie Orion, der sich des Nachts in der Nähe eines Teiches versteckt, um ein Wildschwein zu erjagen. In diesem Fall war das Wort »Prestige« der Teich. Wenn ich dich richtig verstanden habe, glaubst du, alle Athener müßten beim Anblick deines Landrover ausrufen: »Oh, was für ein schönes Auto! Wem es wohl gehören mag?« Und dann würde irgendjemand ihnen sagen: »Meneandros ist der Besitzer dieses Wagens, der berühmte, großartige Meneandros!« Und so würde der Glanz des Gegenstandes auch auf dessen Besitzer fallen. Ich schließe aus alldem, daß du vier Talente ausgegeben hast, um einen besseren Eindruck zu machen oder um bei den anderen größere Wertschätzung zu genießen.

Meneandros: Und was ist Schlechtes daran, wenn man sich der Wertschätzung seiner Mitmenschen erfreuen möchte?

Sokrates: Nichts, wenn die Wertschätzung deiner Person gilt, schlimm wäre es hingegen, wenn du die Wertschätzung nur deinem Auto zu verdanken hättest. Ich weiß, daß auch Aristippos ein Auto hat und daß er sich ein Telefon hat einbauen lassen.

Meneandros: Ja, er hat einen Mercedes Turbo.

Sokrates: Da frage ich mich: Was macht Aristippos mit einem Telefon im Auto, wo er doch so ein liederlicher Kerl ist, der nichts arbeitet und von seinem Vermögen lebt?

Meneandros: Ich nehme an, er wird es zum Telefonieren brauchen.

Sokrates: Und muß er denn unbedingt während der Fahrt telefonieren? Kann er nicht, wie alle Sterblichen, einen Moment anhalten und das nächste öffentliche Telefon benutzen? Ist Aristippos etwa Börsenmakler, Industrieller oder Arzt, jemand, für den jede Sekunde Verzögerung fatale Folgen haben kann? Aber nein, das

Telefon im Auto ersetzt in den Augen der anderen all die Eigenschaften, die ihm, wie er selbst weiß, fehlen. Das Dilemma liegt hier in der Frage, ob der Schein oder das Sein wichtiger ist, und Aristippos hat sich, wie mich dünkt, für den Schein entschieden.
Meneandros: Ich verstehe dich hier ebensowenig wie vorhin, o Sokrates. Ich weiß nur, daß ich dieses Auto mehr liebe als alles andere auf der Welt.
Sokrates: Man stelle sich vor! Und mich klagt Meletos öffentlich an, neue Götter einzuführen!
Aristogamos: Du, o Sokrates, begehst einen schweren Fehler bei der Beurteilung deiner Mitmenschen: Du meinst, alle Menschen müßten stets die gleichen hohen Ideale verfolgen und sogar bereit sein, für sie ihr Leben zu opfern. Nun nimm zur Kenntnis, daß es einfache Menschen gibt, die, ohne irgendjemandem damit zu schaden, das Leben nehmen, wie es ist, nur von einem Tag zum nächsten planen und sich nur kleine Ziele setzen. Fügt die Tatsache, daß Meneandros gerade in sein Auto verliebt ist, dir etwa irgendeinen Schaden zu?
Sokrates: Mir nicht, er selbst jedoch trägt dabei einen schweren Schaden davon. Die Lebensweise, die du beschreibst, ist unter den Menschen sehr verbreitet. Die neuen Turiner Philosophen haben dafür den Begriff »Theorie des schwachen Denkens« geprägt. Die von Neapolis, die weniger intellektuell sind und deswegen kritisiert werden, haben es sogar in Verse gegossen, in denen sie davon sprechen, daß doch schon ein Sonnenstrahl, der Anblick des Meeres, ein Lied auf den Lippen und ein Mädchen am Herzen genügen, um das Vergangene zu vergessen und das Leben zu genießen. Dennoch gilt, daß ein Leben, das sich mit kleinen Zielen abfindet, den Menschen vom Glück abhält.
Meneandros: Ich bin glücklich mit meinem Landrover.
Sokrates: Ist er das erste Auto, das du besitzt?
Meneandros: Nein, zuvor hatte ich einen Porsche.
Sokrates: Und hast du den Porsche auch geliebt?
Meneandros: Ja, den hab ich auch geliebt.

Sokrates: Und warum hast du ihn dann gegen den Landrover eingetauscht?
Meneandros: Was für eine Frage! Weil mir der Landrover besser gefällt.
Sokrates: Und vor dem Porsche, hast du da auch schon ein Auto gehabt?
Meneandros: Ja, einen BMW. Aber warum stellst du mir all diese sinnlosen Fragen?
Sokrates: Weil ich meine, daß ein Mensch, der immer das gleiche Auto benutzt, auch wenn es nur ein Kleinwagen ist, glücklicher ist als einer, der von einem Dämon besessen ist, der ihn zwingt, sie ständig zu wechseln. Du, Meneandros, gießt, ohne dir dessen bewußt zu sein, Wein in eine durchlöcherte Amphore. Du gießt und gießt, ohne jemals zu trinken! Fühlst du nicht jetzt, wo du endlich dein neues Auto bekommen hast, eine Art Leere in dir?
Meneandros: Und du meinst, wenn ich nur einen 126er Fiat hätte, wäre ich glücklich?
Sokrates: Dazu genügt eine kleine Schale voll Wein, und manchmal auch schon etwas mit der hohlen Hand geschöpftes Wasser.
Phaidros: Deinen Worten zufolge, o Sokrates, dürfte ich mir also überhaupt kein Auto mehr kaufen, weil, sobald dieser Wunsch befriedigt wäre, ein anderer, noch kostspieligerer von mir Besitz ergreifen würde.
Sokrates: Das Haben gönnt seinen Anhängern keine Verschnaufpause. Dessen ungeachtet kannst du, o Phaidros, dir natürlich ein Auto kaufen; wichtig ist, daß du nicht zu seinem Sklaven wirst. Sei dir aber der Tatsache bewußt, daß dir sicher kein Auto dabei helfen wird, deine wichtigste Reise zu vollbringen: jene Reise, die von dem Ort, an dem du dich jetzt aufhältst, in dein eigenes Inneres führt.

Noch ein Wunder von San Gennaro

Die zwei Jahre in Neapel und die Freundschaft mit Bellavista hatten aus Cazzaniga einen anderen Menschen gemacht. Wäre da nicht nach wie vor sein für einen Süditaliener zu offenes »e« gewesen, hätte man ihn fast für einen Neapolitaner aus gutem Hause halten können, für einen von denen, die am Sonntag morgen, ehe sie die Messe in der Kirche Santa Caterina besuchen, in der Konditorei Pintauro ein paar *Sfogliatelle*, diese köstlichen neapolitanischen Gebäckstücke, kaufen. Den früheren Doktor Cazzaniga gab es nur noch als Erinnerung, und der neue ließ keine Gelegenheit aus, mit Salvatore ein Schwätzchen zu halten oder mit Saverio über Fußball zu diskutieren, vor allem über Inter und Napoli, und jedem, der ihm über den Weg lief, vorzujammern, wie schlimm es doch mit dem Verkehr in der Stadt bestellt sei. Und drunten beim Hausmeister amüsierte er sich wie in seinem ganzen Leben noch nicht: Jeden Abend, wenn er aus Pomigliano zurückkam, ging er nicht etwa sofort hinauf in seine Wohnung, sondern teilte seiner Frau durch die Gegensprechanlage mit, daß er da sei und stürzte in die Pförtnerloge zu einem Gespräch mit dem Professor.

»Worum geht's gerade?« fragt Cazzaniga.

»Wir sprechen von Wundern«, erklärt Saverio.

»Von Wundern?« wiederholt Cazzaniga ungläubig und schaut Bellavista fragend an.

»Ja ja, von Wundern«, bestätigt der Professor. »Haben Sie

schon einmal das neapolitanische Blutwunder, das Wunder des San Gennaro, aus der Nähe verfolgt, Dottore?«

»Nein. Wieso, kann man das sehen?«

»Sicher kann man das sehen. San Gennaro, der Schutzpatron unserer Stadt, verflüssigt das Blut zweimal jährlich: am 19. September und am ersten Samstag im Mai, und er ist fast immer pünktlich, jedenfalls pünktlicher als der Schnellzug Neapel-Mailand.«

Cazzaniga ist unsicher: Er fürchtet, daß man ihn zum Narren halten will. Dann faßt er Mut und fragt:

»Und was sagt die Kirche dazu?«

»Die ist vorsichtig: Sie sagt ja und nein«, erwidert Bellavista. »Die Kurie von Neapel glaubt daran, die römische nicht so recht.«

»Aber hat es wirklich einen Heiligen Gennaro gegeben?«

»Und ob es den gegeben hat. Er war sogar von vornehmer Herkunft, war Nachkomme der berühmten römischen Familie der Januarier.«

»Wurde er nicht enthauptet?« fragt Cazzaniga zögernd.

»Er mußte eine ganze Reihe von Martyrien über sich ergehen lassen«, erklärt der Professor. »Erst das Feuer, dann spitze Dornen, dann hieß es *ad bestias,* und schließlich hat man ihn enthauptet. Die verschiedenen Quellen machen dazu unterschiedliche Angaben. Sicher ist nur, daß er im Jahre 305 nach Christus hingerichtet wurde. San Gennaro hat zu dieser Zeit als junger Bischof in Benevento gelebt. Eines Tages – er hatte gerade die Messe gelesen – teilte man ihm mit, daß einer seiner Kollegen, ein gewisser Sossio, der Bischof von Nola, verhaftet und gefoltert worden sei. Er war darüber hocherfreut und beschloß sofort, den Kollegen zusammen mit zwei Gehilfen, dem Diakon Festo und dem Lektor Desiderio, im Kerker zu besuchen. Es muß wohl nicht extra gesagt werden, daß die römischen Soldaten, als sie die drei bei ihrer Ankunft in Nola erblickten, keinen Augenblick zögerten, sie alle ins Gefängnis zu werfen.«

»Sie haben bei der Verhaftung des Sossio gesagt, daß San Gennaro darüber ›hocherfreut war‹, Professore. Verzeihen Sie, wie meinen Sie das?« fragt Cazzaniga reichlich erstaunt.

»Jawohl, er war hocherfreut. In den Bologneser Akten über das Leben und Sterben des Heiligen wird das mit den folgenden Worten beschrieben: ›Er freute sich darüber und eilte, ihn zu trösten.‹ Aber um die Bedeutung dieses Satzes richtig erfassen zu können, muß man wissen, was im vierten Jahrhundert nach Christus alles geschehen ist. Kurz gesagt war es das Jahrhundert der Märtyrer. Im Jahr 303 hatte mit dem Edikt des Diokletian die große Christenverfolgung begonnen. Allein in Nikomedia, der Stadt, die sich der Kaiser zur Residenz gewählt hatte, wurden zwanzigtausend Christen niedergemetzelt. In Ägypten fast eine halbe Million. In Phrygien wurde eine Stadt umzingelt und mit allen Einwohnern, Christen oder nicht, den Flammen übergeben. In Lutetia Parisiorum, dem heutigen Paris, wurde ein ganzer Hügel mit dem Blut von Christen, den Anhängern des Dionysius, getränkt; das ist der berühmte Montmartre oder Berg der Märtyrer. Das Edikt des Diokletian schrieb vor, die Hinrichtungen auf möglichst grausame Weise zu vollziehen. In einem Absatz des Edikts hieß es: ›Wo immer der Folterer zu sanftmütig ist, möge er selbst der Folter übergeben werden.‹«

»Heilige Madonna!« ruft Saverio aus. »Die alten Römer waren wirklich eine Schweinebande!«

»Ja, und die Antwort der Christen war noch radikaler. Die haben zu ihren Verfolgern gesagt: ›Ihr wollt uns foltern? Ausgezeichnet, aber foltert uns doch bitte so lange wie möglich!‹ Und allenthalben entstanden christliche Sekten, deren einziges Lebensziel es war, ein Martyrium zu erleiden. Nehmen wir das Beispiel von San Simeone, dem Säulenheiligen. Er hat eine Sekte gegründet, deren Mitglieder sich als ›Die, die nie schlafen‹ bezeichneten. Das war eine kleine Gruppe treuer Anhänger von ihm, die beschlossen hatten, ihr

Leben in dauerndem Gebet zu verbringen und sogar auf Schlaf zu verzichten.«

»Das gibt's doch nicht!« meint Salvatore.

»Sowie einer den Kopf senkte und einzunicken schien, stieß ihn sein Nebenmann an, damit er weiterbetete, solange bis sie alle zusammen zu Boden sanken. Aber der erste, der wieder erwachte, hatte nichts Eiligeres zu tun, als die anderen aus dem Schlaf zu rütteln, damit sie ihre Gebete wieder aufnahmen. Schließlich wurde Simeone von seinen Gefährten davongejagt, weil er bei der Anwendung der Vorschrift zu unnachgiebig war.«

»Ich kann mir gut vorstellen«, meint Salvatore, »daß irgendwann einer von den anderen zu ihm gesagt haben muß: ›Simeò, jetzt langt's aber! Laß uns schlafen!‹«

»Und dann ist er auf eine zehn Meter hohe Säule gestiegen und dreißig Jahre lang dort droben geblieben, um zu seinem Herrgott zu beten.«

»Und wie hat er das mit dem Essen gemacht?«

»Er hat einen Korb gehabt, mit einer Schnur dran...«

»So wie unsere Henkelkörbchen?«

»Ja: den hat er herabgelassen und auf die Güte der Vorbeikommenden vertraut.«

»So etwas könnte man heutzutage nicht mehr machen«, meint Saverio dazu. »Nehmen wir mal an, ich wollte ein Säulenheiliger werden und würde auf die Gedenksäule für die Gefallenen an der Piazza Vittoria steigen: nach zehn Minuten wär die Feuerwehr da und würd mich runterholen.«

»Was heißt *ad bestias,* Professore?« will Luigino wissen.

»Das heißt, den wilden Tieren vorwerfen. Im vorliegenden Fall warf man die vier Christen, Gennaro, Sossio, Festo und Desiderio, im Amphitheater von Pozzuoli Bären zum Fraß vor. Aber die Bären haben sich zu Füßen des Heiligen hingekauert wie kleine Hündchen, und fünftausend Einwohner von Pozzuoli haben sich zum christlichen Glauben bekehrt. Da regte Timotheus, der römische Statthalter, sich furchtbar auf, weil ihm das erwartete Schauspiel entgangen war, und ließ die vier Märtyrer mit einer sicheren Methode vom Leben zum Tod befördern: durch Enthauptung, und wo er schon mal dran war, befahl er, auch vier Zuschauer, die dagegen protestiert hatten, einen Kopf kürzer zu machen. Das Wunder ist ein dreifaches, es vollzieht sich gleichzeitig an drei Orten: In Neapel verflüssigt sich das Blut, in Pozzuoli rötet sich der Stein, auf dem der Heilige enthauptet wurde, und im Nacken von Francesco Caravita, dem Fürsten von Sirignano, erscheint zweimal jährlich eine dünne rote Linie.«

»Und wie kann man das Wunder miterleben?« fragt Cazzaniga.

»Ganz einfach«, erklärt Bellavista. »Nächsten Samstag haben wir den ersten Samstag im Mai. Am Nachmittag gegen fünf zieht eine Prozession mit der Statue des Heiligen vom Dom quer durch Spaccanapoli bis zur Kirche Santa Chiara. Und da vollzieht sich das Wunder.«

»Leider muß ich Samstag abend nach Mailand«, seufzt Doktor Cazzaniga.

»Um wieviel Uhr geht Ihr Flugzeug?« fragt Salvatore.

»Um einundzwanzig Uhr.«

»Dann schaffen Sie's leicht«, versichert ihm Saverio. »Wenn San Gennaro weiß, daß Sie's eilig haben, macht er Ihnen das Wunder in Null Komma nichts. Und wir bringen Sie dann schon zu Ihrem Flugzeug nach Capodichino.«

Am ersten Samstag im Mai, dem Tag des Wunders, warten Bellavista und Salvatore unten am Hauseingang auf Cazzaniga. Salvatore trägt, vielleicht aus Respekt vor San Gennaro, vielleicht auch, weil er nachher zusammen mit dem Professor den Doktor zum Flughafen bringen muß, Jackett und Krawatte.

»Also wenn er jetzt nicht gleich kommt«, seufzt der Vizeersatzhausmeister, »verpaßt er das Wunder und das Flugzeug nach Mailand.«

»Um wieviel Uhr fängt die Prozession an?« fragt der Professor.

»Um fünf ziehen sie am Dom los. Spätestens um halb sieben dürften sie wohl in Santa Chiara ankommen. Und er muß anschließend nach Capodichino.«

»Und wie spät ist es jetzt?«

»Zehn vor fünf, und für den Weg nach Spaccanapoli brauchen wir heute, am Samstag, mindestens eine halbe Stunde.«

»Da kommt er ja«, ruft Bellavista aus und geht dem Freund entgegen.

»Ich bleibe nur einen Tag in Mailand«, beginnt Cazzaniga noch ganz außer Atem und hält sein Köfferchen hoch. »Morgen früh um halb neun habe ich eine Konferenz. Ja, und wann findet das Wunder statt?«

»Man wartet nur noch auf Sie«, erwidert Salvatore.

Die drei steigen in das Auto des Professors und stürzen sich in den Samstagnachmittagsverkehr.

»Dottore, Neapel ist immer heidnisch geblieben«, sagt Bellavista beim Anfahren. »Wenn dem religiösen Empfinden meiner Mitbürger etwas fehlt, dann der Gottesbegriff.«

»Soll das heißen, daß die Neapolitaner keine Monotheisten sind?«

»Genau: Sie haben nur wenig Gottvertrauen«, fährt der Professor fort. »Sie werden kaum jemals einen Neapolitaner so etwas wie ›My God‹ ausrufen hören, wie es bei den Protestanten gang und gäbe ist. Unsere Hilfeersuchen sind im allgemeinen präziser adressiert. Wir wenden uns fast immer direkt an Heilige, die in der Art von Gnade, um die wir sie bitten, erprobt sind, und deren Wirksamkeit bereits erwiesen ist, aber vor allem wenden wir uns an die Mutter Gottes, mit einem einfachen ›Heilige Madonna, hilf Du uns!‹«

»Ja, in der Tat habt ihr Neapolitaner, dank der Marienwallfahrtskirche von Pompei, schon immer eine große Tradition der Marienverehrung gehabt«, stimmt Cazzaniga zu.

»Richtig, aber das ist nicht das Wesentliche. Entscheidend ist, daß die Madonna, gesehen als Mater Misericordiosa, wie geschaffen ist für Menschen wie uns, für die Vergebung ein alltägliches Bedürfnis ist. Sehen Sie, Dottore, was das Christentum wirklich von allen anderen Religionen unterscheidet, ist die Rolle der Mutter Gottes. Praktisch gesehen unterscheidet sich die Lehre von Jesus Christus nicht allzusehr von derjenigen Buddhas: Einen Slogan wie ›Liebe Deinen Nächsten wie dich selbst!‹ finden Sie in jeder Religion, genauso wie die Vorstellung von der Strafe Gottes. Das Geniale am Christentum aber ist der Gedanke der Vergebung. Ein neapolitanischer Dichter, Ferdinando Russo, hat ein Gedicht über die Madonna geschrieben, in dem er erzählt, wie eines Tages der Herrgott befahl, ein Engelchen einzusperren, weil es gesündigt hat. Vergeblich versucht der heilige Petrus, den Herrgott dazu zu bewegen, die Strafe zurückzunehmen. ›Kommt nicht in Frage‹, meint der nur. ›Er bleibt vierundzwanzig Stunden da drin, im Himmel wird gemacht, was ich sage!‹ Mittlerweile weint das Engelchen in der dunklen Kammer, schlägt mit den Flügeln und jammert vor Angst. Doch als alles in tiefem Schlaf liegt, schleicht sich die Madonna klammheimlich zu ihm und bringt ihm ein paar Mandarinen.«

»Da haben wir den Grund, warum die Neapolitaner lieber die Madonna um Hilfe bitten«, meint Cazzaniga. »Sie sehen in ihr die *Mamma* ihrer eigenen Kindheit.«

»Manchmal bitten wir auch die Seelen im Fegefeuer um Hilfe«, ergänzt Salvatore.

»Und warum nicht die im Paradies?« wendet Cazzaniga ein. »Die müßten doch bessere Beziehungen haben als die im Fegefeuer.«

»Ja, aber die pfeifen uns was«, erwidert Salvatore. »Sehen Sie, Dottore, die Seelen im Paradies sind schon jenseits von Gut und Böse: Die leben in einer Ekstase der Glückseligkeit, und was auf der Erde vorgeht, kümmert sie einen feuchten

Dreck. Die im Fegefeuer dagegen leiden noch und sind auf die Gebete ihrer Verwandten angewiesen, um ihren Aufenthalt an diesem unangenehmen Ort zu verkürzen. Und so entsteht eine Art gegenseitiger Hilfsdienst von denen droben für die drunten und umgekehrt: Wir beten für sie, damit ihnen die Strafe verkürzt wird, und sie beten für uns, damit wir eine Stelle bei der Stadt kriegen oder einen Treffer im Lotto landen.«

Als die drei Spaccanapoli erreichen, hat sich die Prozession bereits in Bewegung gesetzt. Als sie auf der Höhe des Monte di Pietà, des Pfandleihhauses, herauskommen, kreuzen sie den Zug ziemlich genau in der Mitte.

»Das da ist Sant' Emiddio«, erklärt Salvatore und zeigt auf die Heiligenstatue, die eben an ihnen vorbeigetragen wird. »Wenn wir uns beeilen, können wir noch bis ganz nach vorne kommen. Sant' Emiddio muß der fünfte oder sechste Heilige in der Reihenfolge sein.«

»Früher«, erläutert Bellavista, »richtete sich die Reihenfolge im Zug nach der Zahl ihrer Gnadenerweise im Lauf des vergangenen Jahres. Die Priester gingen in ihrer Pfarrei herum, erkundigten sich bei den einfachen Leuten danach und stellten dann eine Rangliste auf, eine Art Hitparade der Heiligkeit. Heute besteht das Gefolge von San Gennaro nur noch aus fünfzig Heiligen, und in der Prozession wird von jedem von ihnen eine silberne Statue mitgetragen.«

»Der letzte im Zug ist also ein Heiliger, der mit Gnadenerweisen äußerst sparsam umgegangen ist?« will Cazzaniga wissen.

»Heute ist das nicht mehr so, aber im letzten Jahrhundert soll den letzten Platz immer ein gewisser San Cosimo d'Aversa innegehabt haben. Es gibt dazu eine Legende, in der es heißt, daß einmal ein Bauer in Aversa einen Birnbaum hatte, der nie Früchte trug. Nach ein paar Jahren beschloß der Bauer, den Birnbaum zu fällen und ihn an einen Bildhauer zu verkaufen. Und der machte daraus eine Statue von San Cosimo. Alle in Aversa gingen in die Kirche und beteten zu San Cosimo, außer diesem Bauern. ›Ich kenn dich noch als Birnbaum‹, meinte der nur. ›Wenn du es damals nicht fertiggebracht hast, Birnen zu tragen, wie willst du mir dann jetzt eine Gnade erweisen?!‹«

Mit Salvatore als Wegbereiter versuchen Bellavista und Cazzaniga nun schneller zu gehen, um an die Spitze des Zuges zu gelangen. Zu jeder Statue, an der sie vorbeikommen, weiß der Professor eine Geschichte zu erzählen.

»Das ist Sant' Alfonso Maria de' Liguori, ein neapolitanischer Heiliger, sehr beliebt in der Gegend um die Gerichte. Sant' Alfonso ist der Schutzheilige für alle, die vor Gericht ihr Recht suchen. Er war schon mit siebzehn Jahren Anwalt und gewann dank seiner Zungenfertigkeit alle Fälle, mit denen er betraut wurde. Eines Tages, er hatte gerade sein Plädoyer gehalten, erklärte sich der Angeklagte, den er vertrat, für schuldig. Sant' Alfonso nahm sich das so zu Herzen, daß er seinen Beruf an den Nagel hängte. Ihm war klargeworden, daß nur die himmlische Gerechtigkeit unfehlbar sein kann.«

»Mich schützt Sant' Alfonso davor, daß ich 'n Strafzettel krieg, wenn ich mein Auto ins Parkverbot stell«, wirft Salvatore ein.

»Der da ist San Gaetano«, fährt der Professor fort, »ein Heiliger, dem hier bei uns nicht allzu viel Glück beschieden war. Der Papst hat ihn als Missionar nach Neapel geschickt, aber die Neapolitaner haben ihn nach Venedig zurückverfrachtet: Er war für einen Priester zu ärmlich, zu schlecht gekleidet, zu verschieden von denen, an die die Neapolitaner damals gewöhnt waren. Wir dürfen nicht vergessen, daß San Gaetano mitten in der Renaissance lebte. ›Macht nichts‹, sagte sich der Heilige, ›Gott ist in Venedig ebenso wie in Neapel.‹«

»Und wer ist das?« fragt Cazzaniga, als eine andere Statue vorbeigetragen wird.

»San Crispino«, erklärt Bellavista. »Zusammen mit seinem Bruder Crispiniano wird er als Schutzheiliger der Schuster verehrt. Die beiden sind nach dem Edikt des Diokletian aus Rom geflohen und haben sich in Frankreich niedergelassen, in dem Dorf Soissons, und dort, sagt man, haben sie jedem, der sich zur christlichen Religion bekehrte, kostenlos die Schuhe repariert. Aber auch mit ihnen nahm's kein gutes Ende: Sie wurden von römischen Soldaten geschnappt und öffentlich enthauptet. Wenn ich mich nicht irre, werden ihre Reliquien in Paris verwahrt, in der Kathedrale von Notre-Dame.«

»Verflüssigen die auch Blut?« fragt Cazzaniga, der sich mittlerweile über gar nichts mehr wundert.

»Aber nein: Heilige, die Blut verflüssigen, gibt es auf der ganzen Welt nur elf, und zehn davon in Neapel.«

»Und wer ist der elfte?«

»Das ist San Pantaleone, und der vollbringt das Wunder in einem Dorf ein paar Kilometer außerhalb von Neapel.«

Cazzaniga kann sich angesichts dieser hohen Konzentration von Wundern in Neapel und seiner Umgebung das Lachen nicht mehr verkneifen und fragt Bellavista:

»Professore, kommt Ihnen nicht manchmal der Verdacht, daß Ihre Mitbürger einfach zu leichtgläubig sind?«

»Weil sie an San Gennaro glauben?« fragt Bellavista zurück. »Gut, ein bißchen naiv sind sie wohl schon, aber sie liegen, was ihre Leichtgläubigkeit betrifft, sicher nicht über dem italienischen Durchschnitt. Ich weiß nicht, ob Sie bemerkt haben, daß fast alle Italiener heute auf die Sternzeichen schwören. Sogar einige ernstzunehmende staatliche Institutionen wie die Telefongesellschaft und das Fernsehen liefern einem das Horoskop, als ob es eine seriöse Nachricht wäre. Da frag ich mich doch: Wer ist naiver, ein Neapolitaner, der an San Gennaro glaubt, weil er mit eigenen Augen gesehen hat, wie sich das Blut des Märtyrers in der Ampulle verflüssigt, oder der durchschnittliche Italiener, der überzeugt ist, er werde in der kommenden Woche seiner großen Liebe begegnen, nur weil dann die Venus in der Waage steht, und weil er um neun Uhr morgens geboren ist und nicht mittags um zwölf?«

Donnernder Applaus läßt den Professor verstummen: Eben wird die Statue von Sant' Antonio Abate vorbeigetragen.

»Der Applaus zählt nicht«, meint Bellavista zu Cazzaniga. »Da huldigen nur die Leute aus dem Stadtteil Sant' Antonio Abate ihrem eigenen Schutzheiligen. Noch heute gibt es Neapolitaner, die San Gennaro als Schutzpatron ablehnen. Das ist eine alte Geschichte, die auf das Jahr 1799 zurückgeht, auf die Zeit der jakobinischen Revolution. Als die Franzosen in Neapel einzogen, hat sich San Gennaro, wohl aus Protest gegen die Vertreibung der Bourbonen, geweigert, das Wunder zu vollbringen. Daraufhin begab sich der General Championnet, der fürchtete, es werde zu einem Volksaufstand kommen, in den Dom und bedrohte den Kardinal, der gerade die Ampullen mit dem Blut in der Hand hielt, mit seiner Pistole. Was dann passiert ist, kann man nicht so recht erklären: Ob es daran lag, daß die Hand des Kardinals vor Angst zitterte, oder ob ihm San Gennaro das Leben retten wollte, fest steht jedenfalls, daß das Blut sich innerhalb weniger Sekunden verflüssigt hat. Das Volk, das die neapolitanischen Intellektuellen nie so recht verstanden hatte und auf der Seite des Königs stand, verzieh San Gennaro nicht, daß er das Wunder vollbracht hatte und ersetzte ihn, sobald sich die Franzosen zurückgezogen hatten, durch seinen direkten Rivalen Sant' Antonio. Benedetto Croce berichtet, daß in jenen Tagen in der Rua Catalana ein Bild öffentlich gezeigt wurde, auf dem zu sehen war, wie Sant' Antonio Abate San Gennaro gnadenlos auspeitschte.«

»Auch Sant' Antonio war ein neapolitanischer Heiliger?«

»Nein, nein, der hat sein ganzes Leben in Afrika verbracht«, erwidert der Professor sachkundig. »Sant' Antonio

Abate, auch ›der Große‹ genannt, um ihn von dem gleichnamigen Heiligen aus Padua zu unterscheiden...«

»...der eher klein war«, wirft Salvatore ein.

»...wurde in der Mitte des 3. Jahrhunderts in Ägypten geboren. Mit zwanzig Jahren verspürte er das Bedürfnis, ein asketisches Leben zu führen, verschenkte all seinen Besitz an die Armen und begab sich ins Tal der Könige, um fürderhin in einem aufgebrochenen Grabmal zu leben.«

»Entschuldigen Sie, wenn ich Sie unterbreche, Professore, aber es ist doch schon einige Zeit her, daß zum letzten Mal jemand heiliggesprochen wurde, oder?« fragte Salvatore.

»Nun ja, das Verfahren der Heiligsprechung ist sehr langwierig.«

»Das mein ich nicht. Soweit ich mich zurückerinnern kann, hab ich nie was davon gehört, daß hier in Neapel irgendjemand, um heiliggesprochen zu werden, seinen ganzen Besitz an die Armen verschenkt hat.«

»Sie haben eben von Sant' Antonio gesprochen«, meint Cazzaniga zu Bellavista gewandt, nach einem tadelnden Blick in Salvatores Richtung.

»Also, wie ich schon gesagt habe, zog sich Sant' Antonio in ein leeres Grabmal zurück, um sich dann, da ihm dieser Zufluchtsort zu luxuriös erschien, weiter in die Wüste hineinzubegeben und sich dort bis zum Alter von hundert Jahren nur dem Gebet zu widmen. Wie er all diese Zeit überleben konnte, wird immer ein Rätsel bleiben. Den Ruf eines Heiligen hat er sich durch seine berühmten Kämpfe mit dem Satan verdient. Er war allen nur möglichen Versuchungen ausgesetzt, der des Dursts, der des Hungers und der des Fleisches. Während er auf einer Matte kniend betete, sollen unter dieser zwei wunderschöne nackte Frauen hervorgekommen sein. Die Legende berichtet, Sant' Antonio sei immer wieder drauf und dran gewesen, diesen Versuchungen zu erliegen, habe es aber schließlich jedesmal geschafft, den Teufel zu besiegen. Vor seinem Tod soll er zu Jesus gesagt haben: ›Wo warst Du, als ich mit dem Satan kämpfte? Warum hast Du während dieser Prüfung nicht an meiner Seite gestanden?‹ Darauf soll Jesus geantwortet haben: ›Ich war da, an deiner Seite, Antonio, aber ich wollte dich aus eigener Kraft siegen sehen.‹«

»Es ist doch seltsam, daß die Neapolitaner zu einem so ungeselligen Eremiten wie Sant' Antonio Zuneigung fassen konnten«, gibt Cazzaniga zu bedenken. »Wenn er wenigstens in Neapel gelebt hätte, dann würde ich's noch verstehn, aber da Sie mir versichern, daß er Afrika nie verlassen hat, ist es mir wirklich unverständlich, wie...«

»Ach was, in Neapel verehrt man eine ganze Reihe von Heiligen, die nicht von hier kommen«, fährt Bellavista fort. »Denken Sie nur an San Vincenzo Ferreri, der ›il monacone‹, der große Mönch, genannt wird: San Vincenzo hat in Spanien gelebt, sein Fuß hat nie neapolitanischen Boden betreten, und trotzdem wird er in einem der für Neapel typischsten Viertel, der Sanità, höher geschätzt als San Gennaro und Sant' Antonio zusammengenommen. San Vincenzo war Dominikanerprediger, vielleicht der bedeutendste in der gesamten Kirchengeschichte. Wenn er predigte, war keine Kirche groß genug, um all die Gläubigen aufzunehmen, die gekommen waren, ihm zuzuhören. Deshalb mußte der Arme seine Predigten immer unter freiem Himmel halten, mitten auf den größten Plätzen. Da fragt man sich natürlich: Wie hat er es fertiggebracht, daß alle ihn verstehen konnten, obwohl er doch keinen Lautsprecher hatte? Er nutzte den Wind, der seine Stimme bis zu den entferntesten Zuhörern trug. Ein Wetterfähnchen an seiner Seite zeigte diesen an, aus welcher Richtung der Wind wehte.«

»Und warum lieben ihn die Neapolitaner so?«

»Weil er den Ärzten nicht getraut hat. Man erzählt, daß einmal, als er todkrank darniederlag, ein Arzt zu ihm kam, um ihn zu untersuchen. Mit den Worten: ›Wer Gott im Herzen hat, braucht keine Medizin!‹ hat er ihn auf der Stelle davongejagt. Am nächsten Morgen war er wieder gesund. Heute wenden sich die Frauen in der Sanità an ihn, wenn ihre Kinder krank sind, und nach erfolgter Heilung ziehen sie ihnen bei den zu seinen Ehren veranstalteten Feierlichkeiten Mönchskutten an, um sie so dem Heiligen zu zeigen.«

»Und das funktioniert wirklich?« fragt Cazzaniga mißtrauisch.

»Besser als der staatliche Gesundheitsdienst«, erwidert Salvatore trocken.

Beim Betreten der Kirche wird Bellavista sofort klar, daß Cazzaniga an diesem Tag Gefahr läuft, vom Wunder nichts mitzubekommen: Das Hauptschiff quillt bereits vor Menschen über, und auch die zu beiden Seiten gelegenen Kapellen sind von den Gläubigen, die den verschiedenen Heiligen gefolgt sind, bis auf den letzten Platz gefüllt. Doch der Professor läßt sich von derartigen Schwierigkeiten nicht beeindrucken: Er beschließt sofort, die Sache von der anderen Seite her anzugehen.

»Wir müssen es woanders versuchen«, erklärt er Cazzaniga. »Wenn wir durch den Kreuzgang mit den Majolikakacheln und den Klarissenchor gehen, kommen wir unmittelbar hinter dem Altar in die Kirche.«

»Und wird man uns da durchlassen?« fragt Cazzaniga, zu Recht etwas besorgt.

»In Neapel findet sich immer ein Heiliger, ein Verwandter oder ein Freund, der einem beim Durchkommen behilflich ist«, erwidert Bellavista.

Der Professor geht ohne weitere Erklärung los und führt die Freunde auf die Rückseite des Klostergebäudes. An einem alten Tor angelangt, drückt er ohne zu zögern den Klingelknopf.

»Wir sind Freunde der Familie Imperiali«, sagt er zu dem Mönch, der ihnen öffnet, »und möchten gerne näher an den Altar gelangen.«

Der Mönch betrachtet ihn einen Augenblick lang abschätzend, als wolle er sich, ungeachtet der Freundschaft, auf die Bellavista sich beruft, ein Urteil über diesen selbst bilden, um ihm schließlich ein kaum zu verstehendes »Warten Sie hier!« zuzunuscheln.

»Was hat denn die Familie Imperiali mit dem Ganzen zu tun?« fragt Cazzaniga, der sich mittlerweile für alles interessiert, was mit dem Wunder zusammenhängt.

»Das ist eine der zehn adeligen Familien, die die Mitglieder der Königlichen Schatzkommission stellen«, erläutert der Professor. »Die zwölf Mitglieder dieser Kommission, zehn Adelige und zwei Vertreter des Volkes, sind aufgrund alter königlicher Erlasse mit allem betraut, was mit dem Kult des Heiligen zusammenhängt. Ich kenne die Familie Imperiali von Francavilla, das sind äußerst liebenswürdige und achtenswerte Leute.«

Cazzaniga wirft währenddessen einen Blick auf das Äußere der Klosterkirche.

»Die Kirche gefällt mir sehr: Sie wirkt schlicht, ich würde fast sagen ärmlich.«

»Ja«, erwidert Bellavista voller Begeisterung, »sie ist die franziskanischste und, vielleicht deshalb, die schönste Kirche in ganz Italien. Roberto von Anjou ließ sie im vierzehnten Jahrhundert als letzte Ruhestätte für die Angehörigen seiner Familie erbauen. Auch damals muß sie schon so auf das Wesentliche beschränkt, so schmucklos gewesen sein. Man erzählt, der Sohn des Königs, der junge, verwöhnte Prinz Carlo, habe, nachdem er sie gesehen hatte, zum Vater gesagt: ›Das Hauptschiff wirkt wie ein Stall und die Seitenkapellen wie die dazugehörigen Futterkrippen.‹ Worauf ihm Roberto von Anjou erwidert haben soll: ›Gib acht, mein Prinzchen, daß du nicht eines Tages in einer dieser Kapellen deine Mahlzeiten zu dir nehmen mußt.‹«

In diesem Augenblick kommt der Mönch zurück und sagt, ebenso gleichmütig wie zuvor:

»Folgen Sie mir.«

»Entschuldigen Sie«, fragt ihn Cazzaniga, als er neben ihm hergeht, »ganz im Vertrauen, meinen Sie, daß das mit dem Wunder wirklich wahr ist?«

»Es geschieht jedenfalls«, bekommt er zur Antwort.

Der Kardinal hebt den Reliquienbehälter hoch über den Kopf und zeigt dem Volk die Ampullen mit dem noch geronnenen Blut. In dem Reliquiar, einer Art runder Silberdose, deren Umwandung auf zwei Seiten aus Glasscheiben besteht, befinden sich zwei Fläschchen, ein größeres und ein kleines. Das größere ist zu drei Vierteln mit einer braunen Flüssigkeit gefüllt. »Wenn man's so sieht«, denkt Cazzaniga, »könnte es Kaffee sein.« Der Mönch hat Bellavista und seine Freunde bis in die Nähe des Altars gebracht, und dort bleiben sie hinter einer Gruppe betender Nonnen stehen.

»Ihr alle seid hierhergekommen, um das Wunder des Blutes zu sehen«, sagt jetzt, an die Menge gewandt, der Kardinal. »Doch ich frage euch: Ist es nur das Schauspiel, was euch interessiert, oder wollt ihr wirklich an einem göttlichen Mysterium teilhaben? Denn wenn es lediglich die übernatürliche Erscheinung ist, der euer Interesse gilt, dann kann ich euch nur sagen: Kehrt nach Hause zurück! Nicht das Sichauflösen dieser wenigen Gramm Blut kann eure Seelen erretten, sondern nur das Sichauflösen der egoistischen Gedanken, die noch in euren Herzen nisten. Deshalb fordere ich euch auf, euch auf eure Sünden zu konzentrieren und alle miteinander zu beten: ›Ich glaube an Gott, den Vater, den allmächtigen...‹«

»Professore, ich fürchte, heute wird sich's länger hinziehen«, flüstert Salvatore. »Sonst war das Blut um diese Zeit immer schon verflüssigt.«

Doktor Cazzaniga, der etwas Sorge hat, er könne sein Flugzeug verpassen, wirft einen Blick auf die Uhr:

»Wenn in zwanzig Minuten immer noch nichts passiert ist, gehe ich und nehme ein Taxi.«

»Ach was, Dottore, wozu ein Taxi?« ruft Salvatore aus. »Ob das mit dem Wunder klappt oder nicht, wir bringen Sie auf jeden Fall nach Capodichino.«

»Ich habe eine eigene Theorie zum Wunder von San Gennaro«, murmelt Bellavista.

»Die wäre?« fragt Cazzaniga.

»Sie müssen wissen, Dottore, daß mit dem Blut des Heiligen alle nur möglichen Untersuchungen angestellt wurden, oder zumindest alle, die man durchführen konnte, ohne die Ampullen zu zerbrechen. Spektralanalysen, die Professor Lambertini, der Inhaber des Lehrstuhls für Anatomie an der hiesigen Universität, durchgeführt hat, haben ergeben, daß es sich um menschliches Blut handelt. Dessenungeachtet haben diejenigen, die bestreiten, daß tatsächlich ein Wunder stattfindet, die phantastischsten Hypothesen aufgestellt: Die Wärme, die von den Händen des Kardinals ausgeht, lasse das Blut flüssig werden, nein, die Wärme der Kerzen sei die Ursache, nein, nein, das Ganze sei ein Gemisch aus Seife und Ammoniak, nein, ein Gebräu aus Gelatine und Zinnober... Kurzum, alle Welt hatte etwas dazu zu sagen: Es gab sogar Anhänger einer Schokoladentheorie...«

Der Kardinal bemerkt das Getuschel zu seiner Linken und wirft Bellavista einen tadelnden Blick zu. Das Blut in den Ampullen ist immer noch steinhart, und es tut sich nichts. Der Kardinal hebt das Reliquiar noch einmal hoch über seinen Kopf und macht dadurch, daß er es zur Seite neigt, deutlich, daß das Blut sich noch nicht verflüssigt hat.

»Der eine oder andere von euch meint vielleicht, im Theater zu sein«, donnert der Kardinal, »und weiß nicht, oder gibt vor, nicht zu wissen, daß die Kirche auf dem Blut der Märtyrer erbaut wurde. Heute ist es einfach, sich zum Christentum zu bekennen, zu den Zeiten von San Gennaro war es wesentlich schwerer. Und vergeßt nicht: Zu sagen ›ich bin Christ‹ ist eine Sache, ›wirklich Christ zu sein‹ eine ganz andere!«

»Was haben die Vertreter der Schokoladentheorie behauptet?« fragt Cazzaniga so leise wie möglich.

»Daß in den Ampullen ein Gemisch aus Schokoladenpulver, Wasser, Zucker, Kasein, Molke und Kochsalz sei. Ein Professor der Universität Neapel, ein gewisser Albini, hat gegen Ende des vergangenen Jahrhunderts dieses Gemisch hergestellt, und man muß zugeben, daß er ein hervorragender Chemiker war und etwas zusammengebraut hat, was, von außen betrachtet, fest schien und, sobald man es schüttelte, flüssig wurde. Das Hauptargument gegen Albini war, daß im fünfzehnten Jahrhundert, als sich das Blutwunder zum ersten Mal vollzog, die Schokolade noch gar nicht aus Amerika zu uns gekommen war.«

»Und wie lautet nun Ihre Theorie?«

»Ich würde gern ein Experiment durchführen, das noch niemand unternommen hat.«

»Und zwar?«

»Blut von einem x-beliebigen Menschen nehmen, es gerinnen lassen und es dann der Menge zeigen, in einem Reliquiar, das genauso aussieht wie das von San Gennaro.«

»Sie glauben also, die Neapolitaner mit ihrer psychischen Kraft würden die Verflüssigung des Blutes bewirken?«

»Genau. Ich bin davon überzeugt, daß dreitausend einfache Neapolitaner, die alle voller Spannung dasselbe Ereignis erwarten, eine Umwandlung der Materie verursachen können.«

»Und dreitausend Mailänder?« fragt Cazzaniga mit leicht ironischem Tonfall.

»Würden es nie schaffen«, erwidert Bellavista überzeugt. »Die sind viel zu rational, um so was zustande zu bringen.«

»Vielleicht irre ich mich ja, Professore«, mischt sich Salvatore ein, »aber ich bin überzeugt, daß es Menschen gibt, die kleine Wunder vollbringen können, und andere, die das nicht schaffen. Es reicht, wenn hier unter uns eine einzige Person ist, die diese Fähigkeit hat, und schon ereignet sich das

Wunder! Soll ich Ihnen einen sagen, der große Wunder vollbringen könnte, wenn er nur wollte?«

»Wer denn?«

»Maradona.«

»Was, Maradona?« ruft Cazzaniga mit einem unwilligen Blick auf Salvatore aus.

»Genau, Dottore, Maradona«, wiederholt Salvatore. »Ich stell ihn seit einiger Zeit immer wieder auf die Probe. Wenn ich was Wichtiges habe, sage ich bei mir: ›Lieber Maradona, hilf du!‹, und ich schwöre euch, in neun von zehn Fällen klappt's.«

»Salvatore!« empört sich Cazzaniga. »Reden Sie nicht solchen Unsinn. Wir sind schließlich in einer Kirche!«

»Aber ich bitte Sie, Dottore! Nicht mal unser Herr Jesus hat gewußt, daß er Wunder tun konnte, bevor er's versucht hat.«

»Wenn man dem Evangelium des Johannes Glauben schenkt, hat er's schon gewußt«, stellt Bellavista richtig. »Als er bei der Hochzeit zu Kanaan war und Wein fehlte, hat seine Mutter ihn aufgefordert, ein Wunder zu tun, und er hat sich mit den Worten widersetzt: ›Meine Stunde ist noch nicht gekommen.‹ Und er hat recht gehabt. Es war nicht angebracht, mit einem Wunder dieser Art anzufangen.«

In der ganzen Kirche hebt ein beifälliges Gemurmel an, gleich darauf ertönt langanhaltender Applaus: Das Blut hat sich verflüssigt. Der Kardinal hebt das Reliquiar so hoch wie möglich, und als er es zur Seite kippt, schwappt das Blut in den Ampullen hin und her. Der Dekan der Königlichen Kommission, der Gentiluomo del Fazzoletto, schwenkt ein kostbar besticktes Tuch, um auch den Gläubigen ganz hinten in der Kirche anzuzeigen, daß San Gennaro das Wunder vollbracht hat. Alle, die um den Altar stehen, fallen vor der heiligen Reliquie auf die Knie, und Bellavista und Cazzaniga können nicht anders, als gleichfalls niederzuknien und zu warten, bis ihnen das Reliquiar zum Kuß hingehalten wird.

Cazzaniga ist sichtlich beeindruckt: Bis gestern war für ihn das Wunder des San Gennaro nichts anderes als eine Anekdote. Heute ist er nicht mehr so sicher, was er davon halten soll. Er hat Gelegenheit gehabt, die Verflüssigung des Blutes aus der Nähe zu sehen. Aus höchstens fünf Metern Entfernung. Ob am Ende doch etwas dran ist? Wer weiß?! Vielleicht hat ja der Mönch, der sie zum Altar geführt hat, recht: »Es geschieht jedenfalls.«

Capodichino, der Flughafen von Neapel, wirkt nach halb neun Uhr abends plötzlich wie ausgestorben: Die Maschine nach Venedig ist bereits weg, und auf der Abflugtafel wird nur noch der Flug nach Mailand um einundzwanzig Uhr angezeigt. Die Kaffeebar ist geschlossen, ebenso der Zeitungskiosk, die Taxis am Ausgang sind verschwunden, und auch die bunte Schar der fliegenden Händler, die für gewöhnlich die Flughafenhalle bevölkert, hat sich davongemacht. Jetzt versucht niemand mehr, Armbanduhren, Pornovideos oder Feuerzeuge an den Mann zu bringen, und es treiben sich keine zwielichtigen, mißtrauisch um sich blickenden Gestalten mehr herum, die einem anbieten, »jeden beliebigen Job zu übernehmen.«

Eine Lautsprecherstimme teilt mit, der Abflug nach Mailand werde sich verzögern, und gibt als Grund »die verspätete Ankunft der Maschine« an, hütet sich aber wohlweislich, Genaueres über den Umfang der Verspätung zu sagen. Bellavista und Salvatore beschließen jedenfalls, Doktor Cazzaniga bis zum Abflug seiner Maschine Gesellschaft zu leisten, obwohl dieser sie wiederholt beschwört, doch nach Hause zu fahren.

»Aber Dottore, es ist uns ein Vergnügen«, erklärt Salvatore. »Und außerdem müssen Sie wissen, ich bin ein einziges Mal geflogen, das war damals, als unsere Mannschaft ein Auswärtsspiel irgendwo in Rußland hatte. Tirbisi, Tiblisi, Tiribisi, so ähnlich hat der Name von dem Ort jedenfalls geklungen. Ehrlich gesagt, vor dem Abflug hab ich eine Höllenangst gehabt. Wenn so ein Flugzeug einmal da oben in der Luft ist, hab ich mir gesagt, dann kann man nicht mehr sagen: Entschuldigung, könnten Sie mal einen Augenblick anhalten, ich möchte aussteigen. Deshalb hat es mir dann, als es losgehen sollte, grad, als ich die Treppe zum Flugzeug hinaufgestiegen bin, plötzlich leid getan, daß ich mich darauf eingelassen hatte. Es war so schlimm, daß mich meine Kumpel hinauftragen und auf meinem Platz angurten mußten. Na ja, so nach einer Stunde hab ich grad angefangen, mich daran zu gewöhnen, und da seh ich plötzlich einen den Gang entlanglaufen: Was, man kann ja hier auch rumlaufen, hab ich gedacht und meinen Nebenmann gefragt: Wo geht der denn hin? Auf die Toilette, antwortet der, aber in einem Ton, als ob er sich selbst fragt: Der geht auf die Toilette, ja, kann man hier etwa auch auf die Toilette gehen? Ja doch, meinte er dann. Und ich darauf: Der verrichtet da sein Geschäft, und das Zeug fällt einfach runter. Nein, meint er, da fällt überhaupt nichts runter, das nehmen wir mit, das würde sich auch nicht gehören, schon gar nicht über einem fremden Land. Na, und dann bin ich halt auch mal aufs Klo gegangen. Und glauben Sie mir, Dottore! Ich hab noch nicht richtig draufgesessen, da höre ich, wie eine Stewardess über den Lautsprecher sagt: ›Achtung, Achtung, soeben überfliegen wir die Alpen‹, und gleich beim ersten ›Achtung‹ bin ich, wo ich eh schon Angst genug gehabt hab, ohne die Hose zuzuknöpfen aus der Toilette gestürzt.«

Cazzaniga lächelt, während er Salvatore zuhört. Dann wirft er einen Blick hinüber zu der geschlossenen Bar und fragt:

»Ist das die einzige hier im Flughafen oder gibt's noch eine?«

»Nein, Dottore, es ist schon 'ne ganz schöne Leistung, daß eine da ist«, antwortet Salvatore.

»Kurz und gut«, sagt Bellavista, als wolle er einen Satz,

mitten in dem man ihn eben unterbrochen hat, zu Ende bringen, »die Neapolitaner sind noch Heiden. Sie glauben an Götter, die auf bestimmte Gebiete spezialisiert sind: Zu Santa Lucia beten sie, wenn sie nicht mehr gut sehen, zu San Pasquale Baylon, wenn sie eine Tochter im heiratsfähigen Alter haben, zu San Ciro, wenn sie einen praktischen Arzt brauchen, und zu San Cristoforo, wenn ihnen eine Reise nach Rom im Fiat 500 bevorsteht; genauso wie es vor zweitausend Jahren die alten Griechen gemacht haben, die sich, je nachdem, ob es auf die Jagd oder in den Krieg ging, an Artemis beziehungsweise Ares wandten.«

»Und woran glauben Sie?« erkundigt sich Cazzaniga.

Der Professor sagt gar nichts. Es sieht fast so aus, als habe er nichts gehört. Dann beginnt er ganz leise vor sich hin zu brummeln.

»Hm, es ist schwer, das in wenigen Worten zu sagen. Früher hat mich mal die Häresie des Arius fasziniert: die, in der Christus ausschließlich als Mensch gesehen wird. Und vielleicht beeinflußt mich die Vorstellung immer noch. Man könnte mich als eine Art atheistischen Christen bezeichnen.«

»Als Atheisten oder als Christen?« fragt Salvatore, zu Recht überrascht.

»Atheist und Christ zugleich«, stellt der Professor klar. »Ich halte mich für einen Atheisten, weil ich nicht an die Existenz Gottes glaube, und für einen Christen, weil ich mich bemühe, den Lehren von Jesus Christus zu folgen, da ich ihn für den bedeutendsten Menschen halte, der je auf Erden gelebt hat. Sprechen wir erst mal von Gott. Was bedeutet ›Gott‹? Ist das die Hoffnung auf ein Leben nach dem Tod? Dazu muß ich sagen, daß für mich eine mögliche ewige Glückseligkeit oder eine Reinkarnation nicht von Interesse ist, wenn sie nicht irgendwie mit dem Vergangenen verbunden ist. Wenn man die Erinnerung an das gelebte Leben nicht bewahrt, was nützt uns dann eine Reinkarnation? Wozu könnte es gut sein, zu wissen, daß man in einem früheren

Leben Julius Cäsar gewesen ist, wenn man sich an diese Erfahrung nicht mehr erinnern kann? Und was die Möglichkeit einer zukünftigen Existenz als ›reiner Geist‹ angeht, wieso sollte mir schon etwas an einem überirdischen Leben liegen, in dem es mir verboten ist, Kontakt zu den Menschen, die ich liebe und die auf der Erde zurückgeblieben sind, aufzunehmen? ›Leben‹ heißt für mich, ›die zu lieben, die ich liebe‹. Der gravierendste Mangel des Himmelreichs besteht darin, daß es dort kein Telefon gibt. Natürlich könnte ich auch beweisen, daß es Gott gibt, und zwar mit einer strikt dialektischen Argumentationsweise, etwa von der folgenden Art: ›Existiert Gott?‹ ›Das weiß ich nicht.‹ ›Du gibst also zu, daß es etwas gibt, was du nicht weißt?‹ ›Ja.‹ ›Ausgezeichnet, dann tu mir doch den Gefallen und nenne dieses Etwas: Gott.‹ Schön und gut, aber wozu ist so ein Gedankengang nütze? Ist es wirklich so wichtig zu wissen, ob Gott existiert? Ist es nicht viel wichtiger, daß die Liebe existiert? Und da kommt Jesus ins Spiel.«

Beim Wort Jesus wirft Salvatore Cazzaniga einen verstehenden Blick zu, als wolle er sagen: Jetzt wird alles klar.

»Was hat Jesus denn Revolutionäres gesagt?« fährt Bellavista, der keinen Widerspruch zuzulassen scheint, fort. »Er hat gesagt: ›Halte auch die andere Wange hin!‹, und das in einer Zeit, als das Leben eines Menschen weniger wert war als das einer Ziege. Kennen Sie das Gleichnis von den Arbeitern im Weinberg, Dottore? Nein? Ich erzähl's Ihnen...«

»Wir haben eh nichts zu tun«, fügt Salvatore an den Professor gewandt ermunternd an.

»Matthäus 20, 1–16«, beginnt der zu erzählen. »Ein Gutsbesitzer wirbt Arbeiter für seinen Weinberg an. Einige kommen um die erste Stunde, einige um die dritte, einige um die sechste. Die letzten kommen um die elfte Stunde, kurz vor Sonnenuntergang. Als es Abend wird, gibt der Gutsbesitzer jedem von ihnen einen Denar, sowohl denen, die von Anfang an gearbeitet haben, als auch denen, die fünf Minuten vor Schluß gekommen sind. Was will uns das Gleichnis sagen? Nach der Auslegung von Padre Ferruccio, dem Pfarrer von San Gioacchino, ist der Denar das Paradies, und das Paradies ist ein Lohn, den alle erhalten können, auch die, die erst in den letzten fünf Minuten bereuen. Gut, aber man könnte natürlich einwenden: Wie, ich stehe um fünf Uhr früh auf und gehe an die Arbeit, du kommst frisch und munter abends um sechs an, und was passiert dann? Wir kriegen alle beide den gleichen Lohn! Das soll gerecht sein? Jawohl, antworte ich, das ist gerecht; denn die Wahrheit sieht so aus: Der Denar des Gutsbesitzers ist nur eine falsche Münze, weil es das Paradies überhaupt nicht gibt, weil der Lohn in Wirklichkeit darin besteht, im Weinberg des Herrn gearbeitet zu haben. Wer liebt, erhält sofort sein Entgelt, denn nur als Liebender kann er die reine Schönheit der Liebe und der Freundschaft erfahren. Es lohnt sich, gut zu sein.«

»Professore, wenn ich Ihnen zuhöre, habe ich immer den Eindruck, daß Sie vollkommen recht haben«, meint Salvatore, »und später, draußen auf der Straße, merke ich dann manchmal, daß alles, was Sie gesagt haben, nicht mehr paßt: Denn da gilt die Wahrheit, daß man, wenn man zu seinen Mitmenschen nett ist, der Mitmensch das sofort ausnützt. In Neapel ist doch die wichtigste Überlebensregel: Hau deinen Nächsten übers Ohr, so gut du kannst! Hier kommt man nur mit Beziehungen und faulen Tricks zu was...«

»Lieber Salvatore«, unterbricht ihn Bellavista. »Ich muß leider feststellen, daß ich mit meinen Bemühungen, dir Parmenides verständlich zu machen, nur meine Zeit vergeudet habe.«

»Parmenides?« fragt Salvatore verständnislos. »Wer war denn das? Ehrlich gesagt komm ich im Augenblick nicht drauf.«

»Parmenides, die Lehre vom Seienden und Nichtseienden«, versucht der Professor seinem Gedächtnis auf die Sprünge zu helfen. »Lieber Salvatore, deine Mitmenschen können dich nur um das Nichtseiende erleichtern, und das sollte völlig unwichtig für dich sein. Was soll einer dir schon rauben? Er kann dir dein Geld, deine Macht, deinen Erfolg wegnehmen... na und? Geld, Macht und Erfolg sind nur der äußere Schein des Lebens, und der äußere Schein ist sicher nicht das, wofür du auf die Welt gekommen bist. Du hast die Wahl: Wenn du einem Menschen begegnest, kannst du ihn entweder betrügen oder ihn zum Freund gewinnen. Beides zugleich ist unmöglich. Und in diesem Augenblick, wenn du gezwungen bist, zwischen Betrug und Freundschaft zu wählen, wird dir schlagartig klar, daß nur die Wärme einer Umarmung dir den Sinn des Lebens vermitteln kann.«

Die letzten Worte des Professors werden von der Lautsprecheransage übertönt, daß sich der Abflug der Maschine nach Mailand noch weiter verzögert. Nach einem erneuten Blick auf die Uhr platzt Cazzaniga heraus:

»Mein Gott! Es ist bereits kurz vor zehn: Schon eine Stunde Verspätung, und jetzt soll's sogar noch länger dauern. Wenn das so weiter geht, bin ich erst nach Mitternacht in Mailand!«

»Und hier kriegen wir nicht einmal mehr was zu trinken!« fügt Bellavista an.

»Wir könnten mal nachsehen, ob irgendwo anders noch etwas offen ist«, schlägt Cazzaniga vor.

»Machen Sie sich mal keine falschen Hoffnungen«, entgegnet ihm Salvatore. »Der Flughafen liegt hier draußen völlig isoliert; und wenn wir mit dem Auto irgendwohin fahren, geraten wir wieder in den Stadtverkehr!«

»Also, wißt ihr«, beginnt Bellavista seinem Ärger lautstark Luft zu machen, »ich könnte mich schwarz ärgern darüber, daß die Bar da drüben schon zu ist. Daß am Flughafen einer Großstadt wie Neapel kein Lokal rund um die Uhr geöffnet ist und den Reisenden sowohl am Tag als auch abends zur Verfügung steht, ist doch schlichtweg unmöglich.«

»Schon gut, Professore, jetzt regen Sie sich deshalb mal

nicht auf. Finden Sie sich damit ab: Der Laden da drüben hat zu, da ist nichts zu machen! Nur das Wunder von San Gennaro könnte ihn wieder aufmachen.«

Salvatore hat den Satz noch nicht ganz zu Ende gesprochen, da nähert sich Bellavista ein Mann um die vierzig und sagt:

»Dottore, ich hab zufällig gehört, daß Sie was zu trinken suchen. Wenn Sie mir zur Bar folgen, könnte ich Ihnen ausnahmsweise was besorgen.«

Mit diesen Worten geht er hinüber zu der Bar, holt hinter einer Reklametafel einen Schlüssel hervor, schließt das Vorhängeschloß an der Kühltruhe auf und fragt:

»Womit kann ich Ihnen dienen?«

»Ich weiß nicht«, antwortet Bellavista. »Ich hätte gern ein Bier. Und was nehmt ihr?«

»Ich auch ein Bier«, sagt Salvatore.

»Wenn's so was gibt, hätte ich lieber eine Coca Cola«, meint Cazzaniga kühn.

»Also zwei Bier und eine Cola«, bestellt Bellavista.

Der Unbekannte schaut in die Kühltruhe, holt zuerst eine Coca Cola heraus und ein Glas dazu, dann fragt er, an den Professor gewandt:

»Reicht Ihnen eine Dose und zwei Gläser?«

»Ja, danke«, erwidert der.

Der Unbekannte schenkt das Bier und die Cola ein. Als Salvatore einen Schluck nimmt, kann er sich des Gedankens nicht erwehren, daß ihr Wohltäter San Gennaro verdammt ähnlich sieht: wie ein Ei dem anderen! Andererseits, warum wunderte er sich eigentlich? Er hatte doch vorhin den Heiligen angerufen, da waren sie noch völlig allein gewesen, und dann war, wie aus dem Nichts, plötzlich der da aufgetaucht.

»Was bin ich Ihnen schuldig?« fragt Cazzaniga, der bemüht ist, dem Professor mit dem Bezahlen zuvorzukommen.

»Nichts«, erwidert der Unbekannte, »der Laden gehört nicht mir. Ich weiß bloß, wo sie den Schlüssel hinlegen.«

The Day before

»Wenn ich bloß ein paar von den Dingern in Neapel losbrächte, dann würde die Sicurat hier eine kleine Niederlassung eröffnen, und ich wäre im Handumdrehen Vertriebsdirektor für ganz Mittel- und Süditalien.«

Giorgio Loffredo, der Schwiegersohn von Bellavista, ist gerade aus Mailand zurückgekehrt. Schon seit zwei Jahren arbeitet er jetzt im Norden, und jedesmal, wenn er seinen Fuß auf neapolitanischen Boden setzt, wird von ihm erwartet, daß er der gesamten Besatzung der Pförtnerloge im Mietshaus Via Petrarca 58, das heißt Donn' Armando, dem Hausmeister, Don Ferdinando, dem Ersatzhausmeister und Salvatore, dem Vizeersatzhausmeister, die letzten Neuigkeiten erzählt. Das Gespräch findet direkt im Hausflur statt.

»Und würden Sie für immer nach Neapel zurückkommen?« fragt Salvatore.

»Na klar, deshalb liegt mir doch so viel daran, in Neapel Kunden zu finden. Ich schwöre Ihnen, Salvatò: Ich halt's in Mailand nicht mehr aus! Patrizia, die Glückliche, hat sich daran gewöhnt, aber die ist ja auch noch jung, und sie hat auch ein paar Freundinnen gefunden: Inzwischen spricht sie sogar den Mailänder Dialekt. Bei mir ist das was anderes. Es liegt vielleicht an meinem schwierigen Charakter, aber ich kann mich da einfach nicht eingewöhnen. Wissen Sie, was mir letzte Woche passiert ist? Auf meinem Stockwerk, direkt neben mir, hat ein gewisser Gorini gewohnt. Der war auch Architekt, hatte aber vor allem mit Innenarchitektur zu tun.

Er wird so um die fünfundvierzig gewesen sein. Hin und wieder hab ich mit ihm ein kleines Schwätzchen gehalten. Sie wissen ja, wie das so geht: Zuerst fährt man mit einem im Aufzug, dann trifft man ihn am nächsten Morgen während der Frühstückspause in der Kaffeebar wieder, ja, und während jeder auf seinen Cappuccino wartet, fängt man halt an zu plaudern. Das ist ein Wetter heute, was? Ich arbeite bei der Sicurat, einer Schweizer Firma. Und wo arbeiten Sie? Ich bin im Einrichtungssektor tätig. Das war's. Wenn wir einander begegnet sind, haben wir uns gegrüßt, und dann haben wir uns ein paar Monate lang nicht mehr gesehen. Als ich den Signore Ernesto, unseren Hausmeister, 'nen unsympathischen Kerl mit Schnauzbart, gefragt hab, sagt er mir doch: ›Der Architekt Gorini ist tot.‹ ›Tot? Wie denn das?‹ ›Er ist tot‹, wiederholt er und geht weg. Wo gibt's denn so was? Da stirbt einer und läßt niemanden was davon wissen! Und dann frage ich mich: Hat denn die Eingangstür halb aufgestanden? Und das schwarze Tuch, hat da eines gehangen? Wann haben sie denn den Sarg die Treppe hinuntergetragen? Und das Weinen der Angehörigen hätte man doch mitkriegen müssen! Ich möcht wirklich wissen, wie sie's angestellt haben, daß ich nichts davon gemerkt hab. Na ja, meint Patrizia, das wird am Wochenende passiert sein. Und findest du das etwa in Ordnung? Wenn ein Christenmensch in Neapel stirbt, dann kriegt es, weiß Gott, das ganze Viertel mit. Jeder weiß, wie und woran er gestorben ist, da kommt Trost von den anderen Leuten aus dem Haus, die Freunde halten Totenwache, eine Nachbarin bringt 'ne Tasse heiße Suppe, und das alles dient dazu, daß die Menschen miteinander Freundschaft schließen können, was hätte es denn sonst für einen Sinn, daß einer stirbt?«

»Quälen Sie sich nicht so sehr, Architetto«, meint Donn' Armando. »Der Professore hat halt doch recht: Wir sind zwei verschiedene Völker, die von einem gemeinsamen Fernsehprogramm zusammengehalten werden!«

»Und wieviele Anlagen müssen Sie verkaufen, Architetto,

bevor Sie mit der ganzen Familie nach Neapel ziehen können?« erkundigt sich Salvatore.

»Zehn würden reichen. Das ist aber das Minimum, darunter bewilligen sie einem kein Büro und keine Sekretärin.«

»Entschuldigen Sie, wenn ich mich einmische«, sagt ein großer dürrer Mann mit eingefallenen Wangen wie Eduardo De Filippo. »Mein Name ist Scalese, ich wollte Sie etwas fragen: Sie haben gesagt...«

»Das ist mein Vetter«, unterbricht ihn Salvatore. »Er heißt Antonio, ist eines von den Erdbebenopfern. Er arbeitet als Scherenschleifer und wohnt jetzt schon vier Jahre in einem Container auf dem Messegelände, mit seiner Frau und drei Kindern.«

»Was ich Sie fragen wollte, Architetto«, fährt Scalese fort, »ich bin gerade erst gekommen und habe nicht von Anfang an zugehört. Aber weil ich mich neben meiner Arbeit als Scherenschleifer auch für Export-Import-Fragen interessiere, möchte ich gerne wissen, ob ich richtig verstanden habe, daß Sie eine Schweizer Firma vertreten?«

»Ja, die Sicurat«, erwidert Giorgio.

»Und mit was für einem Artikel handeln Sie?«

»Mit Atomschutzbunkern.«

Bei dieser Antwort stockt dem Scherenschleifer der Atem. Als es auch nach ein paar Sekunden nicht so aussieht, als wolle er noch etwas dazu sagen, erzählt Giorgio weiter.

»Die Sicurat ist die bedeutendste Firma in diesem Bereich. Wir haben einen Marktanteil von 35 Prozent. In allen Industrienationen rüstet man sich heute mit Atomschutzbunkern aus: 84 Prozent der Schweizer haben schon einen, in Israel sind wir bei 99 Prozent angelangt, und in Schweden sind es auch schon 88.«

»Architetto«, unterbricht ihn Salvatores Vetter von neuem. »Nicht, daß ich Sie entmutigen wollte, aber ich fürchte, hier in Neapel werden Sie's nicht weit bringen. Die Leute hier haben doch nicht mal genug, um anständig zu leben, die haben was Besseres zu tun, als ihr Geld dafür auszugeben, daß es nach einem Atomkrieg irgendwie weitergehen kann!«

»Soll das ein Witz sein?!« ruft Giorgio aus und fährt, offensichtlich mit dem Thema recht vertraut, fort: »Ihr hier in Neapel, mit dem Nato-Hauptquartier vor der Tür, lebt in einer Hauptgefahrenzone, und da reißen Sie auch noch Witze! Wissen Sie, daß die erste ss 20, die in Rußland abgefeuert wird, mit ihren drei atomaren Sprengköpfen direkt auf Neapel gerichtet ist?«

»Ach, so sieht's für uns aus«, seufzt Salvatore und schaut die anderen dabei an. »Sobald der Krieg ausbricht, geben uns die Russen gleich dreifach eins auf den Deckel! Ich hab ja schon immer gesagt, je eher diese Amis von der Nato verschwinden, desto besser: Dollars haben sie uns eh nie gebracht. Ich weiß nicht, ob ihr es wißt, aber die trauen den Kaufleuten hier in Neapel nicht. Rachelina, meine Frau, hat mir erzählt – und die hat bei einem von ihnen als Putzfrau gearbeitet –, daß sie sich sogar das Klopapier aus Amerika schicken lassen. Das sollte der russische Geheimdienst vielleicht wissen, dann würden sie eine Rakete entwickeln, die genau für die paßt: nur ein Sprengkopf, aber genau richtig für die Nato-Basis.«

»Natürlich«, wirft Bellavistas Schwiegersohn ein: »Die Russen werden jetzt anfangen, Atombomben nach Maß zu bauen!«

»Sie können sagen, was Sie wollen«, fährt Scalese voller Skepsis fort, »aber meiner Meinung nach kriegen Sie die Dinger in Neapel nicht los.«

»Das ist nicht gesagt«, erwidert Giorgio zuversichtlich. »Schließlich besteht auch noch Hoffnung, daß irgendwann demnächst ein Gesetz verabschiedet wird, das den Bau von Atomschutzbunkern fördert.«

»Wie soll denn das aussehen?« will Donn' Armando wissen.

»Genau wie in der Schweiz«, antwortet Giorgio. »Dort beteiligt sich der Staat zu 50 Prozent an den Kosten für Atomschutzanlagen. Nimm an, du wohnst in Lugano und hast einen Keller, den du zum atomaren Schutzraum ausbauen willst. Nichts leichter als das! Du meldest die Sache bei der Stadt an, und sofort gibt dir der Staat die Hälfte des Geldes.«

»Stellt euch vor, was in Italien passieren würde, wenn es so ein Gesetz gäbe«, ruft Salvatore lachend aus. »Wenn die Leute ihr Klo neu streichen müßten, würden sie's zum atomaren Schutzraum erklären!«

»Ich sag's Ihnen noch mal, Architetto: Machen Sie sich keine falschen Hoffnungen!« wiederholt Scalese, der inzwischen ganz in seiner Rolle als Miesmacher aufgeht. »Glauben Sie mir, der italienische Staat knabbert eh schon am Hungertuch. Ich muß das wissen, als Erdbebenopfer mit Familientradition.«

»Mit Familientradition?« wiederholt Giorgio interessiert.

»Ja, weil auch mein Vater und mein Großvater Erdbebenopfer waren. Casamicciola, 1883. Wissen Sie, wie man mich nennt? Mercalli. Jedenfalls, wie ich schon gesagt habe, wohne ich in einem Container am Messegelände, und zwar seit November 1980, seit dem Tag des Erdbebens. Und falls Sie mir mal die Ehre eines Besuches erweisen wollen, mein Container ist der dreizehnte auf der rechten Seite, vom Eingang am Viale Kennedy aus. Kommen Sie doch mal auf eine Tasse Kaffee vorbei! Und wissen Sie, was zur Zeit los ist? Jetzt lauf ich Gefahr, auch noch dieses Drecksloch von Wohnung zu verlieren, wenn man da überhaupt von Wohnung reden kann, und zwar weil die Firma, die die Dinger geliefert hat, behauptet, daß sie von der Stadt noch kein Geld gekriegt hat, und nun drohen sie damit, daß sie sich die Container irgendwann zurückholen. Da muß ich euch doch fragen: Meint ihr, ein Staat, der nach vier Jahren nicht einmal in der Lage ist, dafür zu sorgen, daß ein Erdbebenopfer und

Nachkomme von Erdbebenopfern in einem Container wohnen kann, schafft es, Schutzräume für die zu bauen, die unter der Erde weiterleben wollen, wenn oben alle tot sind?«

Es ist zwölf Uhr mittags. Der Anwalt Capuozzo, der Vermieter der Schwestern Finizio, überquert eben den Hof. Man schreibt den Vierten des Monats, und Capuozzo weiß, daß er bei den alten Damen nicht lockerlassen darf, sonst haben die ihre ganze Rente verbraucht, und es gibt wieder ein Riesentheater, bis er an die paar Lire kommt, die ihm die Mietgesetze noch zu kassieren erlauben. Das reicht von Tränen und Flüchen bis hin zu vorgetäuschten Selbstmordversuchen.

In einer Ecke des Hofes sind Salvatore und der Architekt Loffredo, der Schwiegersohn von Bellavista, damit beschäftigt, irgendetwas auszumessen. Salvatore hat eine Maßbandrolle in der Hand, und der Architekt hält das andere Ende des Zwanzig-Meter-Bandes und zeichnet mit Kreide Markierungen auf den Boden.

Als der Anwalt Capuozzo das sieht, geht er langsamer und gelangt schließlich zu der Einsicht, daß er als Wohnungseigentümer das Recht hat, sich nach dem Zweck der Vermessungsarbeiten zu erkundigen.

»Was ist passiert, Salvatore?« erkundigt sich Capuozzo. »Schwierigkeiten mit den Abwasserrohren, ist etwa schon wieder das Kniestück undicht?«

Das Abwassersystem des Hauses ist ein rotes Tuch für den Anwalt: Es vergeht kein Jahr, ohne daß er damit Scherereien hat. Vor allem ein Kniestück am Fallrohr genau unter seiner Wohnung spielt ihm schon seit langem übel mit. Jedes Mal, wenn es verstopft ist, zieht ihm der Klempner gleich eine Million Lire aus der Tasche. »Ihr meint wohl, eine Million ist ein Pappenstiel?« klagt Capuozzo. »Na, dann hört mal zu: Das ist genausoviel, wie ich im ganzen Jahr von den Schwestern Finizio an Miete bekomme. Denen ist es egal, wenn irgendein Rohr platzt. Die zahlen die lächerliche gesetzlich festgelegte Miete, und ich werde zum finsteren Kapitalisten erklärt, der die alten Tanten ausnimmt. Wählt ihr nur die Kommunisten, nur zu, so sieht eben die Gerechtigkeit aus, die wir hier in Italien haben!«

»Es ist nichts passiert, Avvocato«, beruhigt ihn Salvatore. »Wir vermessen den Hof bloß, damit wir hier einen Atomschutzbunker eingraben können.«

»Was soll das heißen? Was für einen Atomschutzbunker?«

»Ich erklär's Ihnen, Avvocato«, meint Giorgio mit einem Lächeln, während er das Maßband wieder aufrollt. »Ich vertrete die Firma Sicurat aus Lugano. Das ist eine Schweizer Firma, die Atomschutzbunker herstellt. Es ist mir gelungen, meine Firma, die beabsichtigt, hier in Neapel eine Niederlassung zu eröffnen, dazu zu bewegen, den ersten Atomschutzbunker in Neapel kostenlos zu installieren. Einen Bunker zu Demonstrationszwecken, sozusagen ein Schaufenster für meine Firma. Bei der Wahl des Standortes habe ich an unser Haus gedacht. Das wäre für uns sehr vorteilhaft, die Sicurat übernimmt sämtliche Kosten!«

»Gut, ich hab verstanden, mein Junge«, erwidert Capuozzo. »Aber man muß erst mal feststellen, ob alle Wohnungseigentümer damit einverstanden sind, und dann liegen gerade hier im Boden die Abwasserleitungen, und die sind empfindlich...«

»Ich glaube, Sie haben das noch nicht ganz verstanden, Avvocato«, unterbricht ihn Salvatore. »Die Schweiz gibt uns das Ding gratis, übernimmt die ganzen Installierungskosten, und wir können dabei vielleicht auch gleich das Pflaster und die Abwasserrohre in Ordnung bringen lassen.«

»Wie du meinst, Salvatò«, erwidert der Anwalt Capuozzo gereizt, »aber ohne Zustimmung der Eigentümerversammlung darfst du hier im Hof nicht mal ein Basilikumpflänzchen in die Erde stecken.«

Der Besitzer einer Eigentumswohnung *(homo condominus)* ist bekanntlich kein gewöhnliches Wesen, sondern eine Art Doktor Jekyll. Noch fünf Minuten vor der Eigentümerversammlung (der Wiederholungsversammlung, versteht sich, weil die erste, weiß der Teufel warum, nie beschlußfähig ist) ist er ein von allen geschätzter, herzensguter Mensch von freundlichem, geselligem, manchmal sogar großherzigem Wesen, doch kaum hat er den Fuß in das Wohnzimmer des Hausverwalters gesetzt, da verwandelt er sich in einen Sophisten des alten Athen, einen Haarspalter par excellence, einen unausstehlichen Plagegeist, der fähig ist, bis in die letzte Instanz zu gehen, nur um in einer Frage, in der es ums Prinzip geht, nicht nachzugeben.

Die Eigentümergemeinschaft des Hauses Via Petrarca 58 ist in drei Fraktionen gespalten: Das sind einmal diejenigen, die ihre Wohnung selbst bewohnen, dann die, die sie vermieten und die Miete frei festsetzen können, und schließlich die Besitzer einer Wohnung mit Mietbindung. Der Anwalt Capuozzo, langjähriger Führer dieser letzten Fraktion, ist ein entschiedener Gegner jedweder, selbst der kleinsten Verbesserung und wacht Tag und Nacht darüber, daß das Leben der Mieter in den Wohnungen mit Mietbindung so schlecht wie möglich bleibt.

Streitobjekt ist für gewöhnlich die Heizungsanlage; der Ingenieur Passalacqua, Führer der Eigentümer, die ihre Wohnung selbst bewohnen, hätte gerne eine Zentralheizung von einem deutschen Hersteller. Capuozzo hingegen hält in einer Stadt wie Neapel, die sich, wie er immer wieder sagt, eines äquatorialen Klimas erfreut, jede Heizung für völlig überflüssig. »Und wenn es kalt wird?« brüllt Passalacqua. »Ziehen Sie Ihren Mantel an und gehen Sie schlafen«, antwortet der Anwalt boshaft. Es war ganz einfach so, daß Capuozzo nur eine einzige Art von Heizungsanlage genehm gewesen wäre: ein Gasofen, wie er bei den Nazis in Gebrauch war.

Die Versammlung, um die es hier geht, wurde einberufen,

um den Schwiegersohn von Professor Bellavista zu unterstützen und die Installierung des von der Sicurat versprochenen Atomschutzbunkers zu diskutieren, aber es gibt natürlich immer irgendjemanden, der auf die Tagesordnung pfeift und zuerst die Fragen geklärt haben will, die ihm selbst am Herzen liegen.

»Als erstes«, beginnt Signora Sbordone Colajanni (bewohnt ihre Wohnung selbst), »möchte ich die Abschaffung des Münzautomaten im Aufzug vorschlagen. Mit diesem Kasten haben wir doch nichts als Ärger: Fünfzig-Lire-Münzen gibt es kaum mehr, und deshalb steckt immer wieder jemand, der nach oben will und sich nicht anders zu helfen weiß, einen Metallknopf hinein und legt damit den Aufzug eine Woche lang lahm. Und was bringt uns das eigentlich ein? Wenn's hoch kommt, hunderttausend Lire im Monat, das ergibt, geteilt durch vierundzwanzig Wohnungseigentümer, einen lächerlichen Betrag. Sogar der Dottor Stoppetti hat sich über den Kasten beklagt: Er meint, diese mittelalterlichen Apparate findet man außer in Neapel nirgends mehr.«

»Oh, wie furchtbar, daß Herr Dottor Stoppetti sich beklagt hat«, ruft der Anwalt Capuozzo ironisch aus. »Da werden wir, um ihm weitere Unannehmlichkeiten zu ersparen, den Kasten natürlich sofort abnehmen. Und den Einnahmeausfall wird uns wohl der Besitzer seiner Wohnung, der verehrte Cavaliere Improta, erstatten.«

»Ach ja«, entgegnet Improta, »Sie meinen also, ich wäre so dumm und würde der Eigentümergemeinschaft jeden Monat hunderttausend Lire schenken!«

»Sie können's sich doch leisten!« erwidert der Anwalt wie aus der Pistole geschossen. »Wo Sie von Stoppetti eineinhalb Millionen im Monat kassieren!«

»Also bitte, meine Damen und Herren!« greift Professor Bellavista lautstark ein. »Wie Sie ja alle wissen, komme ich für gewöhnlich nicht zu diesen Versammlungen, weil Sie als Miteigentümer mir alles andere als sympathisch sind. Aber heute steht ein Problem an, das mich ganz besonders interessiert und das ich mit Ihnen besprechen möchte. Es geht, wie ich schon gesagt habe, darum, daß mein Schwiegersohn bei uns im Hof einen Atomschutzbunker installieren möchte...«

»Werter Avvocato, wissen Sie was?« schreit plötzlich der Cavaliere Improta dazwischen, steht auf und zeigt mit dem Finger auf Capuozzo, »Sie sind doch nur neidisch!«

»Ich und neidisch? Nein, nein, lieber Cavaliere, da täuschen Sie sich: Ich nehme lediglich meine Interessen wahr«, entgegnet ihm dieser und erhebt sich gleichfalls.

»Jawohl, neidisch«, wiederholt Improta. »Neidisch, weil bei mir zwei Mieter mit Mietbindung gestorben sind und ich die Wohnungen jetzt frei vermieten kann, während Ihre Schwestern Finizio sich bester Gesundheit erfreuen und keinen Grund sehen, zu ihrem Schöpfer heimzugehen.«

»Ruhe bitte!« ruft Bellavista flehentlich. »Ich bitte Sie, die Diskussion über den Gesundheitszustand Ihrer Mieter für fünf Minuten zu unterbrechen und dem Problem Atomschutzbunker ein wenig Aufmerksamkeit zu widmen.«

»Der Atomschutzbunker ist bereits abgelehnt worden, Professore«, erwidert der Anwalt Capuozzo ungeduldig. »Die Eigentümergemeinschaft ist dagegen, daß der ganze Hof umgegraben wird, auch wenn die Firma Ihres Schwiegersohnes in der Schweiz sitzt und für alle eventuellen Schäden aufkommt. Wir sollten nicht vergessen, daß im Boden unter dem Hof die Abwasserleitungen liegen, und mit denen ist nicht zu spaßen.«

»Das Problem, lieber Professore, ist, daß der Bunker zu klein ist«, wendet Signora Sbordone Colajanni ein. »Wenn er groß genug für alle wäre, hätte ich nichts dagegen. Aber so ist er nichts für uns: Irgendwann explodiert dann eine Atombombe, Gott möge es verhüten, und was machen wir da? Sollen wir uns gegenseitig am Eingang zum Bunker abschlachten?«

»Ja, schon klar«, erwidert Bellavista. »Aber abgesehen

davon, daß der Bunker zunächst allen gemeinsam gehören würde und daß man ihn später einem Wohnungseigentümer verkaufen könnte, ist es nun mal so, daß mein Schwiegersohn ihn als Demonstrationsobjekt, als Lockmittel für seine Kunden braucht. Verstehen Sie mich richtig! Wenn der Junge hier Erfolg hat, wird er umgehend nach Neapel versetzt, und mit ihm zusammen kommt dann auch meine Tochter zurück.«

Das einige Sekunden lang anhaltende Schweigen unterstreicht, daß dieser Tagesordnungspunkt nun kein ökonomisches Problem mehr ist, sondern daß es um den geheiligten Wunsch eines Vaters geht, seine Tochter, die zu einem Leben in Mailand verurteilt ist, an seiner Seite zu haben. Als erster ergreift der Anwalt Capuozzo das Wort.

»Gut, Professore, ich schlage vor, daß die Eigentümergemeinschaft eine zeitlich begrenzte Genehmigung zur Aufstellung des Atomschutzbunkers im Hof erteilt, allerdings ohne ihn einzugraben. Ich würde sagen, wir erteilen Ihrem Schwiegersohn eine Sondergenehmigung, das Ding zwei Monate lang hier auszustellen. Wenn es dann noch nicht eingeschlagen hat, heißt das eben, daß sich in Neapel niemand dafür interessiert.«

»Und wo sollen meine Mieter ihre Autos hinstellen?!« protestiert Improta.

»Mitten auf die Straße, so wie's alle machen«, entgegnet ihm Capuozzo, jetzt noch boshafter. »Und hoffentlich klaut sie jemand!«

»Die Schüchternheit gehört sowohl der Welt der Liebe als auch der Welt der Freiheit an«, erklärt Bellavista. »Als Ausdruck der Empfindsamkeit des Schüchternen und seines sanften Gemüts ist sie ein Kind der Liebe, doch sie ist zugleich ein Kind der Freiheit, da sie erzeugt wird von der Furcht davor, in die Intimsphäre der Person einzudringen, mit der man zu tun hat.«

Wie jeden Dienstag hält der Professor in seiner Wohnung

eine Philosophievorlesung. In seinem Wohnzimmer sind versammelt: Salvatore, der Müllmann Saverio, der Oberst Santanna und Luigino, der Dichter. Thema des Tages: die Schüchternheit im alten Griechenland.

»Professore«, meldet sich Saverio, »Ihr Schwiegersohn ist zu schüchtern. Ich finde, er hat den Beruf verfehlt: Der ist nicht zum Vertreter geeignet. Schon wenn man sieht, wie er auftritt, wenn er einen Termin vereinbaren will, vergeht einem die Lust, irgendwas zu kaufen. Gestern früh bin ich mit ihm zur Citalcon, einer Gerberei in Casagiove, gegangen, und glauben Sie mir: Der Pförtner hat ihn überhaupt nicht zu Wort kommen lassen, er hat ihn nur kurz angeschaut und sofort gesagt: ›Tut mir leid, aber Ihr Artikel interessiert uns nicht, wir haben das Lager voll davon.‹ Und hat ihm die Tür vor der Nase zugeknallt. Erst als ich mich darum gekümmert hab, ist er dann doch noch vom Besitzer der Firma empfangen worden.«

»Und dann? Hat er einen Bunker losgekriegt?« erkundigt sich Salvatore.

»Wie hätte er das denn machen sollen?« fragt Saverio zurück. »Der Besitzer von Citalcon hat ihm gesagt, daß er bis zum Hals in Schulden steckt und daß für ihn das Schlimmste an einem Atomkrieg ist, daß er nicht mehr sehen kann, wie dann alle seine Wechsel verbrennen.«

»Jedenfalls kann man seine Schüchternheit mit Hilfe eines geeigneten Trainings überwinden«, fährt Bellavista fort, ohne auf die Bemerkungen über seinen Schwiegersohn einzugehen. »Der Kyniker Krates begab sich Nacht für Nacht hinaus auf die Straßen von Athen und beschimpfte die Prostituierten, die er dort traf; das tat er, um am nächsten Morgen, wenn er sich auf der Agora mit seinen Widersachern messen mußte, in Form zu sein.«

»Da hat er wohl jede Nacht ganz schön üble Beschimpfungen einstecken müssen!« kommentiert Saverio.

»Einmal vertraute man einen äußerst schüchternen jungen

Mann, einen gewissen Metrokles, seiner Obhut an. Den Eltern von Metrokles war aufgefallen, daß dieser beim geringsten Anlaß errötete wie ein Mädchen. So hatten sie beschlossen, den Kyniker Krates zu bitten, er möge aus dem Jungen einen Mann machen, der es mit den Widrigkeiten des Lebens aufnehmen könne. Krates ging zunächst mit ihm in eine Turnhalle, um seinen Körper zu kräftigen. Der Kyniker war der Meinung, daß die gewonnene Muskelkraft ihm größere Sicherheit verleihen würde. Doch als Metrokles mit aller Kraft versuchte, ein Gewicht anzuheben, entfuhr ihm ein wenig Luft...«

»Ein Furz?« will Salvatore, der nicht sicher ist, richtig verstanden zu haben, wissen.

»Ja, ein Wind.«

»Ein lauter oder ein leiser Wind?«

»Ein lauter.«

»Und das steht in einer Philosophiegeschichte?« fragt Salvatore voller Zweifel.

»Ja, davon berichtet Diogenes Laertius.«

»Ah ja!«

»Als Metrokles bemerkte, daß ringsum alles erstaunt auf ihn schaute, wurde er rot und faßte sofort den Entschluß, seinem Leben ein Ende zu setzen...«

»Da übertreibt er aber ganz schön!« ruft Salvatore aus. »Er braucht sich doch nicht gleich umzubringen! Es reicht ja, wenn er sich bei den anderen entschuldigt, wenn er sagt: ›Verzeihung, ich habe Blähungen‹, und alles ist wieder in Ordnung. Sonst müßten wir uns ja in einem fort umbringen.«

»Schon gut, Salvatò«, meldet sich Saverio zu Wort, »aber erstens war der Junge halt schüchtern, und zweitens, sagen wir's doch, wie's ist: Er hat sich eben ganz schön blamiert.«

»Darauf«, fährt Bellavista unbeirrt fort, »sagte Krates zu ihm: ›Lieber Metrokles, du willst dir das Leben nehmen, und ich respektiere deinen Entschluß. Doch es wäre mir lieber, wenn die Entscheidung, die du getroffen hast, auf einer Wahl beruhen würde. Weißt du, was der Tod ist‹ – ›Nein‹, erwiderte Metrokles. ›Der Tod ist das Nichts. Nun meine ich, du solltest, ehe du dir das Leben nimmst, das Nichts dem gegenüberstellen, was du durch den Entschluß, dein Leben nicht fortzusetzen, verlieren würdest. Morgen werde ich dir die bedeutendsten Männer der Polis vorstellen, damit du siehst, was alles aus dir werden könnte, wenn du erst ein Mann bist.‹«

»Gut gemacht, Krates!«

»Am anderen Morgen verspeiste der Philosoph zunächst ein Kilo Bohnen, dann nahm er Metrokles an der Hand und ging mit ihm zu den Archonten von Athen. ›Dies‹, sagte Krates, während er sich vor jedem von ihnen verbeugte, ›sind die Männer, die die Geschicke der Polis lenken‹, und ließ dabei kräftig einen fahren.«

»Einen Furz?« fragt Salvatore nach, den dieses Wort zu beeindrucken scheint.

»Jawohl. Dann begaben sie sich zu den zehn Strategen. ›Und dies sind die Strategen, die Männer, die Athen im Krieg verteidigen‹, erklärte Krates und ließ wieder einen ziehen. Dies tat er so oft, daß Metrokles schließlich überzeugt war, es sei etwas ganz Normales.«

»Und das steht alles in der Philosophiegeschichte?« fragt Salvatore noch einmal. »Sind Sie wirklich sicher?«

»Jawohl.«

»Na dann.«

»Ein andermal hat Krates...«

Der Professor bricht ab, weil in diesem Augenblick Giorgio eintritt, der einen völlig niedergeschlagenen Eindruck macht. Bellavistas Schwiegersohn wirft sein Köfferchen mit den Prospekten in die Ecke und läßt sich erschöpft in einen Sessel fallen.

»Nichts, Architetto?« fragt Saverio.

»Nichts.«

»Und was sagen die Leute?«

»Die sagen: ›Wollen Sie vielleicht ewig leben? Wenn die Bombe fällt, ist eh nichts mehr zu machen. Irgendwann müssen wir doch alle dran glauben!‹«

»Und haben Sie ihnen das mit der Nato und der Bombe mit den drei Sprengköpfen erzählt?«

»Ja, aber das macht ihnen überhaupt keine Angst.«

»Professore«, sagt Luigino und erhebt sich. »Wenn Sie erlauben, ein kurzes Gedicht, passend zu dieser Gelegenheit. Ich habe ein kleines Sonett verfaßt:

Zuerst war der Mensch nur ein haariger Aff,
dann erfand er das Rad, und die Welt war baff,
dann den Zug und das Flugzeug und die Television,
und jetzt hat er auch die Atombombe schon.
Bei all diesem Fortschritt, da kommt mir ein Zweifel,
sicher schickt sich der Mensch bald selber zum Teufel!«

»Wie macht er das bloß?« ruft Salvatore bewundernd aus, während der Oberst sich erhebt, um den Dichter zu beglückwünschen.

»Ich weiß nicht«, antwortet Giorgio mechanisch. »Alles was ich weiß, ist, daß ich in Neapel meine Zeit verschwende. Und das Schlimmste: In ein paar Tagen kommt der Generaldirektor der Sicurat, Doktor Frankfurter, aus der Schweiz hierher, und was soll ich dem sagen? Daß alles bestens ist?«

»Daß der Artikel schwer an den Mann zu bringen ist, natürlich!« rät der Oberst.

»Ich glaube«, meint der Professor, »daß die Neapolitaner die Vorstellung eines kollektiven Todes rundweg ablehnen.«

»Was wollen Sie damit sagen?« fragt Salvatore.

»Der wahre Neapolitaner hat, als Mensch der Liebe, etwas Fundamentales verstanden, nämlich, daß der Tod nur als ein Ereignis existiert, das den Hinterbliebenen Schmerz bereitet, ohne das würde er nicht existieren. Das hat auch Epikur gesagt: ›Warum sollten wir den Tod fürchten: Solange wir sind, ist der Tod nicht da: Wenn aber der Tod da ist, dann sind schon wir nicht mehr.‹«

»Bei allem Respekt vor Epikur«, meint Salvatore dazu, »aber der Satz ist meiner Meinung nach der reinste Quatsch. Was soll das heißen, daß der Tod nicht existiert?«

»Ich will sagen«, stellt Bellavista klar, »daß ein kollektives, allgemeines Sterben für einen Neapolitaner nichts Schreckliches ist, es ist beinahe ein Fest: ein Tod ohne Tränen und ohne Beerdigungen. Auf der anderen Seite, könnt ihr euch das Leben der Überlebenden vorstellen? Was sollen die Armen machen, wenn sie den ersten Monat im Schutzbunker hinter sich gebracht haben? Wieder hinaufklettern, und was erwartet sie da? In den Straßen nichts als Tote: Leichen über Leichen. Ohne Flugzeuge und Züge haben sie nicht einmal die Möglichkeit zu fliehen. Es bleibt ihnen gar nichts anderes übrig, als wieder in den Bunker zu steigen und sich darin einzuschließen. Und woher nehmen sie die nötigen Lebensmittel?«

»In meinen Schutzbunkern sind Lebensmittelvorräte für sechs Monate vorhanden«, entgegnet Giorgio.

»Und lohnt es sich wirklich, noch sechs Monate in einem unterirdischen Grab zu leben?« fragt Bellavista.

»Papa, wenn alle so denken würden wie ihr, wären nicht Millionen von Atomschutzbunkern in der ganzen Welt verkauft worden. Wißt ihr, daß es in Lugano ein dreistöckiges Krankenhaus gibt, unter dem – unterirdisch – ein zweites dreistöckiges Krankenhaus liegt, atombombensicher? Das unten sieht genauso aus wie das oben. Da gibt's einen Aufnahmebunker auf der ersten Ebene, einen für die nicht ganz so Kranken auf der zweiten und einen für Schwerkranke auf der dritten.«

»Siehst du, Savè«, meint Salvatore dazu, »in der Schweiz wollen nicht mal die Leute sterben, die eh schon todkrank sind! Ich finde, wenn einer unheilbar krank ist und unausweichlich sterben muß, dann sollte er sich doch freuen, wenn er das in Gesellschaft von uns allen tun kann! Aber nein: Er will durchhalten, solang's geht! Völliger Schwachsinn, aber er denkt nicht dran aufzugeben!«

»Offen gesagt bin auch ich gegen die Atomschutzbunker«, erklärt der Oberst. »Stellt euch doch mal vor: Für mich, meine Frau und das Hausmädchen würde ein ganz kleiner Bunker reichen, ein paar Zimmer und ein Klo. Aber ich bin sicher, daß ich an jenem verhängnisvollen Tag, wenn ich hinab in den Keller steige, die ganze Familie Carratelli vor der Tür zum Bunker versammelt finde: Vater, Mutter, Schwiegertochter und sieben Kinder. Die Carratellis wohnen neben mir, seit zwölf Jahren lebe ich mit ihnen Tür an Tür. Nun ist der Buchhalter Carratelli ja ein sehr zurückhaltender Mensch, in all den Jahren hat er nie irgendetwas von mir gewollt, nicht mal eine Zitrone oder einen Korkenzieher. Aber könnt ihr ihn euch an dem Tag vorstellen? Er wird sich auf die Treppe vor dem Bunker setzen und mich stumm anblicken, mit einem Gesicht, als ob er sagen wollte: ›Ihr rettet euch, und wir müssen hier draußen sterben.‹ Und was soll ich da machen? Ich kann ja wohl nicht mit einem ›Gestatten Sie‹ die Tür hinter mir schließen. Nein, Architetto, glauben Sie mir, hier in Neapel ist das mit den Schutzbunkern so eine Sache: Entweder es gibt für alle welche oder das Ganze funktioniert nicht.«

»Na, jetzt fangen Sie auch noch so an, Oberst!« ruft Saverio aus. »Wo der Architetto eh schon jede Hoffnung aufgegeben hat. Sie machen ihn nur noch fix und fertig! Meine Meinung dazu sieht ein bißchen anders aus: Das ist alles eine Frage der Strategie, des Marketing, wie die Amerikaner sagen. Jetzt werden sich Salvatore und ich mal darum kümmern und euch zeigen, wie man Atomschutzbunker verkauft.«

»Wenn's darum geht, irgendwas zu verkaufen, bin ich auf jeden Fall dabei«, erklärt Salvatore.

»Dann hört mal her, wir machen es folgendermaßen«,

verkündet Saverio. »Salvatore und ich, wir machen die Vorhut, lösen eine Panik aus...«

»Eine Panik?« fragt Cazzaniga.

»Jawohl.« Saverio beginnt sich zu ereifern. »Wir verbreiten eine Atomkriegspsychose, erzählen allen, daß wir von einem Verwandten in Rußland erfahren haben, daß die die Nato-Basis bombardieren wollen. Und dann kommt der Architetto mit einem Lockangebot, zehn Bunker zum Sonderpreis.«

»Und wann schickt uns die Schweiz den Bunker?« will Salvatore wissen.

»Ach, der ist so gut wie da«, versichert ihm Giorgio. »Sie haben ihn mir für Ende dieses Monats versprochen.«

»Bestens«, meint Saverio. »Sobald er da ist, machen wir aus unserem Hof eine Atomausstellung. Draußen am Tor hängen wir ein schönes Spruchband auf, ein Plakat mit einem Atompilz und mindestens hundert bunte Lampen, in allen Farben.«

»Und dann geht's hier los wie beim Piedigrotta-Fest!« stöhnt Giorgio verzweifelt.

»Sie müssen Atomschutzbunker verkaufen, Architetto? Machen Sie sich mal keine Sorgen: Da sind Sie bei uns in guten Händen! Saverio und ich bringen in einer Woche ein Dutzend davon los.«

Donn' Attilio Morace war ein neapolitanischer Selfmademan. Er hatte als Gepäckträger am Garibaldi-Bahnhof angefangen und es zum Schallplattenhändler an der Piazza Mercato gebracht. Ganz ohne Übertreibung, Donn' Attilio Morace hätte sich den Luxus leisten können, fünf Milliarden auf den Tisch hinzublättern, als wäre es gar nichts. Aber trotz seines Vermögens führte er das Leben eines kleinen Angestellten: Haus und Laden, Fernsehen und Fußball. Nur an Weihnachten ging er mal ins Kino, sonntags kaufte er sich immer ein wenig Gebäck. Er führte eine kinderlose Ehe, als Ausgleich hatte er seit mehr als dreizehn Jahren eine feste Geliebte, immer die gleiche, eine Frau, für die er nur noch wenig

Zuneigung empfand, sozusagen seine zweite Ehefrau. Keine Laster, abgesehen von einer Schachtel Zigaretten am Tag und dem regelmäßigen Lottotip; er hatte mit seinen Zahlen nie Glück gehabt, sie aber aus Gewissenhaftigkeit dreißig Jahre lang jede Woche gespielt. »Donn' Attì«, fragten ihn die Leute immer wieder, »was machen Sie denn mit dem ganzen Geld?« »Weiß ich nicht«, lautete seine aufrichtige Antwort.

Donn' Attilio war der erste potentielle Kunde, den Giorgio, Saverio und Salvatore mit der neuen Strategie anzugehen beschlossen. Geld hatte er, Platz genug war hinter seinem Haus auch, es gab keinen Grund, warum er nicht einen Atomschutzbunker hätte kaufen sollen.

»Donn' Attì«, beginnt Saverio mit sorgenvoller Miene. »Leider habe ich eine schlechte Nachricht für Sie: Die Welt bereitet sich auf den dritten Weltkrieg vor.«

»Wie meinen Sie das?«

»Na, weil sich die Bewohner der fortgeschrittensten Industriestaaten alle einen Atomschutzbunker zulegen«, fährt Saverio fort. »Das ist eine Erscheinung, die höchst gefährliche Auswirkungen haben kann.«

»Wieso das?«

»Nun, bisher hat es keinen neuen Weltkrieg gegeben, weil alle Angst davor gehabt haben. Aber jetzt, wo im Westen alle einen Atomschutzbunker haben, wer soll die denn noch zurückhalten?«

»Und was machen wir da?«

»Wir müssen uns auch einen Schutzbunker anschaffen.«

»Eigentlich«, beginnt Donn' Attilio, »gibt's bei uns im Haus ja noch einen alten Keller. Im letzten Krieg sind sogar die Leute aus dem Haus gegenüber zu uns heruntergekommen, weil es einer von diesen alten Kellern mit fast eineinhalb Meter dicken Mauern ist.«

»Donn' Attì«, unterbricht ihn Giorgio. »Ich will Sie nicht beunruhigen, aber Sie können wohl kaum einen Bombenangriff aus dem letzten Krieg mit einem Nuklearangriff vergleichen! Wenn eine Atombombe explodiert, steigt in einem Umkreis von zwei Kilometern die Temperatur auf dreitausend Grad...«

»Auf viertausend Grad?« ruft Salvatore entsetzt aus.

»Nein, nur auf dreitausend«, stellt Giorgio richtig.

»Na, Gott sei Dank«, atmet Salvatore auf und beruhigt sich wieder.

»Ich wollte gerade erzählen«, fährt der Architekt fort, »daß die Temperatur auf dreitausend Grad steigt und die Feuerfront alles verschlingt, was ihr in die Quere kommt: Bäume, Häuser, Menschen und so weiter. Dann entwickelt sich eine Druckwelle...«

»Eine Welle?« fragt Donn' Attilio.

»Ja, eine Welle... Luft, die sich bewegt und die Häuser hochhebt, als wären sie aus Pappe. Also, es kann passieren, daß ihr drunten im Keller steckt, und droben über euren Köpfen gibt es kein Haus mehr!«

»Heilige Madonna, verschone uns!« lautet Saverios Kommentar.

»Was würde denn ein kleiner Bunker für zwei Personen kosten?«

»Da hätten wir das Modell Nucleus 02«, erklärt Giorgio und zieht einen Prospekt aus seinem Köfferchen. »Zweiundvierzig Quadratmeter, Eingang mit Dusche, Wohnzimmer, zwei Etagenbetten, Kochnische, Toilette und Notausgang, kommt auf fünfunddreißig Millionen plus Mehrwertsteuer, inklusive Lüftungsanlage, Schutzanzüge, Schutzmasken, Lebensmittelvorräte für sechs Monate und Montagekosten.«

Ein anhaltendes Schweigen steigert die Spannung, während die beiden auf Donn' Attilios Reaktion warten. Giorgio schaut ihn mit ängstlichem Blick an, und Salvatore muß, ohne es zu wollen, daran denken, daß ihm Donn' Attilio erst letzte Woche gesagt hat, er werde sich keinen neuen Regata statt seines alten 131er Fiat zulegen, weil bei dem die Fenster elektrisch zu öffnen seien und er sich nur wohlfühle, wenn er sie von Hand runterkurbeln könne.

»Aber was soll denn die Lüftungsanlage, Architetto?« fragt Donn' Attilio. »Ich versteh ja nichts von Atomkriegen, aber ich denke doch, daß nach so einer Atombombenexplosion die ganze Luft ringsum verseucht ist.«

»Ja«, räumt Giorgio professionell ein, »aber unsere Lüftungsanlage verfügt über einen Filter zum Auffangen der Alpha-, Beta- und Gammastrahlen.«

»Sogar die Gammastrahlen?«

»Jawohl, Donn' Attì«, greift Salvatore listig ein. »Ich hab das Ding mal in Betrieb gesehen: Es funktioniert nicht mit Strom, sondern wird mit Hilfe einer Kurbel von Hand betrieben.«

»Und wieviel kostet die Sache pro Quadratmeter?«

»Kaum mehr als eine Million«, erwidert Giorgio, der anfängt, auf ein positives Ergebnis der Verhandlungen zu hoffen.

»Ein Pappenstiel!« betont Saverio.

Erneutes Schweigen und quälendes Warten. Dann endlich entschließt sich Donn' Attilio zu sprechen.

»Mein Problem ist etwas kompliziert, Architetto. Eigentlich bräuchte ich zwei nahe beieinanderliegende Bunker, einen für mich und meine Frau und einen für eine Dame, die hier in der Nähe wohnt, dort drüben an dem Platz.«

»Für Donna Margherita?« fragt Salvatore ohne die geringste Diskretion.

»Ja, für Donna Margherita. Und zwischen den beiden Bunkern müßten Sie mir eine Röhre bauen, so eine Art unterirdischen Verbindungsgang, damit ich mich mal hier und mal da aufhalten kann.«

»Donn' Attì«, schlägt Giorgio vor, »warum kaufen Sie nicht einen größeren Bunker, in dem Sie beide Damen unterbringen können? Da wäre zum Beispiel unser Modell Nucleus 05 mit vier Etagenbetten.«

»Weil dann die Atmosphäre im Bunker vergifteter wäre als draußen.«

»Ich verstehe, aber auch bei zwei getrennten Bunkern braucht man keinen Verbindungsgang, weil man den Bunker jederzeit verlassen kann, wenn man zuvor den Schutzanzug angelegt hat. Wichtig ist, daß man jedesmal bei der Rückkehr von draußen gründlich duscht.«

»Es genügt also, Donn' Attì«, erklärt Salvatore noch einmal, »wenn Sie daran denken, sich vor und nach jedem Besuch bei Donna Margherita gründlich zu waschen. Das ist natürlich ziemlich lästig! Aber wenn es den unterirdischen Gang überflüssig macht, ist es doch besser so.«

»Am nächsten Samstag können wir Ihnen erfreulicherweise in der Via Petrarca 58 einen Schutzbunker Nucleus 02 vorführen«, verkündet Giorgio stolz. »Es ist der erste Atomschutzbunker, der in Neapel installiert wird. Die Vorführung findet pünktlich um 16 Uhr statt.«

»Ich werde ganz bestimmt kommen und auch meine Frau mitbringen«, verspricht Donn' Attilio. »Aber erwähnen Sie bitte nicht, daß ich zwei Bunker kaufen wollte.«

»Seien Sie da ganz unbesorgt«, meint Giorgio, höchst zufrieden über den Verlauf der Verhandlungen.

»Übrigens, Architetto, ich wollte Sie noch etwas anderes fragen: Man kann diese Bunker, solange es keinen Krieg gibt, doch auch schon in Friedenszeiten benutzen, oder?«

»Sicher kann man das«, stimmt Giorgio zu. »Sie denken daran, ihn als Lagerraum zu verwenden?«

»Als Lager, als Versteck und vielleicht sogar als unterirdische Fabrik, verstehen Sie?«

»Das ist kein Problem«, versichert Giorgio, der noch nicht verstanden hat, worauf Donn' Attilio hinaus will.

»Sie müssen wissen, in dem Keller, von dem ich vorhin gesprochen habe, habe ich Maschinen zum Kopieren von Musikkassetten und Pornofilmchen. Aber der Keller ist nicht besonders sicher: Nachts kann man das Licht sehen, und man hört auch die Musik, wenn sie zu laut ist. Ich lebe in ständiger Angst davor, daß mir die Steuerbehörden auf die Schliche kommen, von meiner Frau ganz zu schweigen, die liefert mir Eifersuchtsszenen, weil sie meint, ich sehe mir Pornofilme an. Deshalb hab ich mir gedacht: Wenn ein Bunker die Gammastrahlen abhält, müßte ich darin auch vor meiner Frau und den Steuerfahndern sicher sein.«

Der Atomschutzbunker trifft schließlich eines schönes Morgens ohne jede Vorankündigung ein. Es ist noch nicht einmal acht Uhr, als ein riesiger Lastwagen, der von zwei Verkehrspolizisten begleitet wird, vor dem Hauseingang in der Via Petrarca anhält. Die merkwürdige Ladung zieht sofort die Aufmerksamkeit der Passanten auf sich, und trotz der frühen Stunde drängt sich gleich eine große Zahl von Neugierigen in den Hof des Mietshauses. Wer Neapel kennt, kann sich das ungefähr vorstellen: Jeder will was sehen, will den Bunker anfassen, alles über ihn wissen und mal hineinschauen.

Das Abladen ist eine langwierige und mühsame Angelegenheit. Der ganze Vormittag vergeht darüber. Dann endlich steht er, mit Gottes Hilfe, mitten im Hof. Auf den beiden Seitenwänden steht in riesigen Druckbuchstaben: ATOMSCHUTZBUNKER SICURAT MOD. NUCLEUS 02 LUGANO.

Der Bunker sieht aus wie ein großer roter Quader, dreizehn Meter lang und drei breit, und hat auf der Vorderseite eine zylindrische Kabine, in die man von oben durch eine Luke einsteigt wie in ein U-Boot. Rechts oben ragt ein silbernes Lüftungsrohr heraus, und ganz hinten am Dach sieht man eine zweite runde Luke mit der Aufschrift NOTAUSGANG. Das Ganze erinnert an das Tiefseeboot des Forschers Piccard.

Salvatore, der sich selbst zum »Atomdirektor« ernannt hat, ist vollauf damit beschäftigt, die Bewohner des Viertels, die sich um den Bunker drängen, auf Abstand zu halten. Schließlich ist er sogar gezwungen, das Eingangstor zuzusperren und nur noch die dazu berechtigten Personen, das heißt die Bewohner des Hauses und wohlhabende Bürger, einzulassen. Trotz dieser Maßnahmen verliert der Bunker im Verlauf von ein paar Tagen alles typisch Schweizerische und nimmt das volkstümliche Aussehen eines neapolitanischen Müllcontainers an. Für die Kinder ist er ein Raumschiff, und sie toben von morgens bis abends auf ihm herum. Rachelina bindet das eine Ende ihrer Wäscheleine an ihm fest, und irgendjemand hat, für den Fall eines Atomkrieges, direkt neben der Aufschrift SICURAT ein paar Herz-Jesu-Aufkleber an der Außenwand angebracht.

Die öffentliche Vorführung wird auf den 13. Juni, den Tag von Sant' Antonio, festgesetzt. Giorgio hat sich von einem Schildermaler ein großes Spruchband mit der Aufschrift NOCH IST ES NICHT ZU SPÄT anfertigen lassen, und von einer Druckerei in Port' Alba ein Plakat, auf dem zu sehen ist, wie eine Familie in einem Schutzbunker fröhlich am Mittagstisch sitzt, während über dem Golf von Neapel eben eine Atombombe explodiert ist. Es werden alle potentiellen Kunden eingeladen (Donn' Attilio steht ganz oben auf der Liste), außerdem Freunde, Journalisten und ein Team einer lokalen Fernsehstation. Und schließlich bricht, vom ganzen Viertel erwartet, der große Tag an.

Der Atomschutztag beginnt um sechzehn Uhr mit der Vorführung des Films *Hiroshima, mon amour* von Alain Resnais im Gemeindesaal der Pfarrei von San Domenico. Giorgio hatte versucht, *The Day after* zu bekommen, doch das war ihm nicht gelungen. Aber *Hiroshima, mon amour* war ihm als Einstieg ins Thema ebenfalls recht. Die einzige Schwierigkeit bestand darin, den Pfarrer davon zu überzeugen, daß das kein Pornofilm ist.

Gegen halb sieben beginnt die eigentliche Vorführung. Die ganze Nachbarschaft drängt in den Hof, aber ein unnachsichtiger Ordnungsdienst, den Salvatore organisiert hat, läßt nur diejenigen herein, die in der Lage sind, sich einen Bunker zu kaufen. Die »armen« Neugierigen, die ein Bretterzaun draußen vor der Tür zurückhält, können mit Müh und Not das Dach des Bunkers und die Ein- und Ausstiegsröhren mit der Aufschrift SICURAT sehen.

Eine ältere Frau betrachtet eine ganze Weile eines der Plakate mit dem Atompilz über dem Vesuv, um sich dann an Don Ferdinando zu wenden und ihn zu fragen:

»Don Ferdinà, die machen aber doch nicht die ganze Reklame mit der Atombombe, weil sie erfahren haben, daß bald der dritte Weltkrieg ausbricht? Was meinen Sie: Besteht die Gefahr? Hat man Ihnen was gesagt?«

»Signora«, erwidert Don Ferdinando betont gleichgültig, »ich weiß nur eins: Auch wenn ein Krieg ausbricht, in so ein Ding bringen mich keine zehn Pferde! Wenn ich schon sterben muß, will ich wenigstens im Sitzen sterben!«

In einer Ecke des Hofes haben Salvatore und Rachelina all das Zubehör und die Kleidungsstücke, die man im Falle eines atomaren Konflikts braucht, nebeneinander auf einen langen Tisch gelegt. Da gibt es gelbe Schutzanzüge, Gasmasken, Dekontaminierungspulver, Batterien, Erste-Hilfe-Koffer und alles, was sonst noch von Nutzen sein könnte, um die erste Zeit nach der Explosion einer Atombombe zu überstehen. Sogar ein Tretdynamo ist da, eine Art Trainingsfahrrad, mit dem man Strom erzeugt, wenn man in die Pedale tritt.

»Signora«, sagt Rachelina zu einer Frau aus ihrem Haus, »wenn eine Atombombe explodiert, dann ist das Gefährlichste nicht die Bombe aus Eisen, die Ihnen auf den Kopf fallen kann, sondern der *fall off*, der dabei entsteht. Eine Frau aus Materdei, die eine Cousine in Japan hat und was davon versteht, hat mir gesagt, daß das ein unerträglicher Gestank ist, und deshalb muß man unbedingt eine Gasmaske aufsetzen. Und sehen Sie das Pulver da? Das hilft gegen die Atom-Kontamination. Wenn sich die Atome an

Ihren Kleidern festsetzen, können Sie ihnen mit diesem Pulver den Garaus machen, einem nach dem anderen.«

Drei arbeitslose Freunde von Salvatore drehen, mit Schutzanzug und Gasmaske, eine Runde nach der anderen um den Bunker, bis einem von ihnen, dem ältesten, schlecht wird. Er nimmt die Gasmaske ab und fragt Giorgio, ob er nicht gehen könne.

»Verzeihen Sie, Architetto«, meint der Arme, »aber ich hab das Gefühl, ich sterbe gleich hier drinnen! Ich krieg keine Luft!«

In der Pförtnerloge spielt Salverio einen Professor für Nuklearphysik. Er hat ein Blatt Papier in der Hand und erklärt einer Gruppe von Hausbewohnern, die von dem Wort »Megatonnen« ziemlich beeindruckt sind, wie eine Atombombe funktioniert.

»Was ich Ihnen jetzt zeigen werde«, erklärt Saverio in professoralem Ton und malt dabei eine Schlangenlinie auf ein Stück Karton, »ist nichts anderes als das Schema der berühmten Kettenreaktion, die der italienische Wissenschaftler Enrico Fermi erfunden hat. Hier sehen Sie also die Kette, die der Explosion einer Atombombe von zehn Megatonnen vorausgeht. Die Atome rennen diesen Korridor entlang, bis sie hier an die Kurve kommen. Da, an der Stelle, die ich Ihnen zeige, prallen die Atome, eben wegen der Kurve, aufeinander, und wie sie so aufeinanderprallen, kommt es zu einer ersten Explosion: PENG. Gleich darauf eilen die Atome weiter, bis sie an eine zweite Kurve kommen: zweite Explosion, zweiter Knall. Und das passiert an jeder Kurve: Peng, peng, peng, bis schließlich die letzte große Explosion erfolgt: BUMMM.«

»Das ist doch keine Atombombe, das ist ein *Tric-trac*!« ruft Capuozzo aus.

»Es ist wie ein *Tric-trac*«, bestätigt Saverio. »Nur viel lauter.«

Im Hof, vor dem Bunker, trällert Luigino, vielleicht von dessen Farbe angeregt, das alte neapolitanische Liedchen von dem rosa Häuschen droben in Camaldoli, dem kleinen Häuschen für die Braut und den Bräutigam, vor sich hin.

Diese Gesangsdarbietung wird von der Ankunft des Pfarrers, der den Schutzbunker segnet, unterbrochen. Alle Anwesenden bekreuzigen sich. Der eine oder andere hebt bewegt die Augen zum Himmel: Das sind offensichtlich Leute, die sich hereingeschmuggelt haben, und da sie für sich nicht die Möglichkeit sehen, einen Bunker zu kaufen, suchen sie als Alternative einen qualifizierteren Schutz.

Giorgio weicht währenddessen Donn' Attilio nicht von der Seite. Er hält ihn am Arm und erklärt ihm die Vorzüge des Schutzbunkers.

»Donn' Attì, Sie als Geschäftsmann wissen sicher besser als ich, was für eine hervorragende Arbeit die Schweizer liefern. Die verwenden nur erstklassiges Material. Hier ist auch der Generaldirektor meiner Firma, Herr Doktor Frankfurter, der wird Ihnen das bestätigen.«

Frankfurter reicht Donn' Attilio lächelnd die Hand und bestätigt, in einem Italienisch mit starkem deutschen Akzent, was Giorgio Donn' Attilio eben erklärt hat.

»Das gesamte Material wurde, wie es die schweizerischen Gesetze vorschreiben, in unseren Labors in Lugano getestet, und wir gewähren auf jeden Teil eine zeitlich unbegrenzte Garantie.«

»Entschuldigen Sie bitte«, mischt sich Capuozzo in seiner typischen Art ein. »Aber das mit der Garantie soll ja wohl ein Witz sein! Soll man etwa am Tag danach, the day after, wie die Amerikaner sagen, bei Ihrer Firma in der Schweiz anrufen und reklamieren: ›Entschuldigen Sie, aber hier ist alles im Eimer: Wir haben im Bunker ein bißchen was von der Atombombe abgekriegt!‹«

Der Herr aus der Schweiz antwortet nicht, vielleicht versteht er den neapolitanischen Dialekt nicht, nur Giorgio wirft dem Anwalt Capuozzo einen bösen Blick zu, um seinem Generaldirektor dann Bellavista vorzustellen.

»Dottore, ich möchte Ihnen meinen Schwiegervater vorstellen, den Professor Bellavista.«

»Sehr angenehm, Frankfurter«, entgegnet der Schweizer mit einem angedeuteten Kopfnicken. »Giorgio ist äußerst tüchtig und hat eine große Zukunft vor sich.«

»Eine große Zukunft?« wiederholt Bellavista etwas ungläubig.

»Ja. Giorgio hat eine große Zukunft«, betont Frankfurter, der sich beim Namen Giorgio immer fast die Zunge abbricht. »Lieber Herr Professor, Sie müssen wissen, die ganze westliche Welt hat sich mittlerweile für die Errichtung von Atomschutzbunkern entschieden. Man hat errechnet, daß in einem eventuellen Weltkrieg die gleichzeitige Explosion von 1245 Atombomben auf der Erde jegliche Form von Leben für mindestens fünf Jahre vernichten würde. Nur mit einem entsprechenden Netz unterirdischer Bunker wird die menschliche Rasse überleben können. Wir rechnen damit, bis dahin in Italien wenigstens zwei Millionen Bunker zu verkaufen, und unser Giorgio wird in diesem Bereich eine Menge Geld verdienen.«

»Und das gibt er dann alles unter der Erde aus«, schließt Bellavista.

Diese letzte Bemerkung macht Giorgio deutlich, daß es besser ist, einen weiteren Meinungsaustausch zwischen seinem Generaldirektor und den Neapolitanern zu vermeiden. Auch Donn' Attilio haben die katastrophalen Prophezeiungen von Frankfurter nicht etwa zum Kauf des Bunkers angeregt, sie haben ihm lediglich die Stimmung verdorben.

»Also, ehrlich gesagt, Architetto«, erklärt er jetzt, »wenn unsere Zukunft so aussieht, dann sterben wir doch lieber gleich und vergessen das Ding da.«

»Damit sollten Sie keine Witze machen«, entgegnet ihm Giorgio. »Wir haben die Pflicht zu überleben! Machen Sie sich mal keine Gedanken, ich zeige Ihnen jetzt, wie toll der Bunker eingerichtet ist.«

Auf ein Zeichen des Architekten lehnt Salvatore die zu diesem Zweck bereitgestellte Holzleiter an den Bunker und steigt auf dessen Dach hinauf. Währenddessen greift Giorgio zu einem Mikrophon und wendet sich an die Zuschauer.

»Bitte, meine Damen und Herren, widmen Sie mir einen Augenblick Ihre Aufmerksamkeit: Wir werden jetzt, immer drei Personen auf einmal, in den Bunker hineingehen. Bitte drängeln Sie nicht, halten Sie ein wenig Abstand! Es wird zwar etwas dauern, aber jeder wird den Bunker besichtigen können.« Dann fügt er, an Salvatore gewandt, hinzu: »Salvatò, mach die Luke auf!«

Plötzliche Stille begleitet die Bewegungen des Vizeersatzhausmeisters, der mit beiden Händen die Einstiegluke anzuheben versucht – ohne Erfolg. Nachdem er sich ein dutzendmal bemüht hat, ruft er aus:

»Architetto, die Tür klemmt. Sie geht nicht auf!«

»Erzähl keinen Unsinn«, entgegnet ihm Giorgio. »Dreh den Türgriff ganz herum!«

»Ich hab ihn ganz rumgedreht, aber die Tür geht trotzdem nicht auf: Es kommt mir vor, als ob sie von drinnen zugehalten wird.«

»Warte, ich komm hoch.«

Giorgio klettert ebenfalls aufs Dach, doch wie sehr er sich auch bemüht, die Tür geht nicht auf.

»Seien Sie mal 'n Augenblick still, Architetto«, meint Salvatore. »Ich glaube, ich höre Geräusche von drinnen.«

Salvatore geht zum Lüftungsrohr und ruft hinein: »Ist da jemand?«

»Besetzt«, antwortet eine dumpfe Stimme von drinnen.

»Von wem besetzt?«

»Von mir.«

Der Architekt fährt zornig auf, drängt Salvatore zur Seite und brüllt so laut er kann ins Rohr: »Kommen Sie sofort da raus, sonst hol ich die Polizei!«

»Kommt nicht in Frage«, erwidert die rätselhafte Stimme.

»Ich komm hier nicht raus, bevor Sie nicht alle vom Dach des Bunkers runtergegangen sind und Sie die Leiter weggenommen haben.«

Giorgio steht einen Augenblick verblüfft da, dann macht er sich klar, daß ihm nichts anderes übrigbleibt, und steigt zusammen mit Salvatore hinab in den Hof. Nachdem die Leiter beiseite gestellt ist, klopft Salvatore dreimal gegen die Seitenwand des Bunkers.

»Wir sind alle unten! Kommt jetzt raus!«

Ein paar Sekunden vergehen, ohne daß etwas passiert. Giorgio ruft zwei Polizisten zu sich. Der Kameramann vom Fernsehen kommt so nah wie möglich heran, um die rätselhafte Person, die den Bunker besetzt hat, beim Heraussteigen zu filmen. Endlich öffnet sich die Luke, und es erscheint ein großer dürrer Mann.

»Aber das ist ja Mercalli!« ruft Salvatore aus, als er seinen Vetter erkennt.

»Jawohl«, erwidert der Mann auf dem Dach des Bunkers. »Ich bin Antonio Scalese, der Vetter von Salvatore, bekannt unter dem Namen Mercalli. Gestern abend bin ich aus meinem Container vertrieben worden. Die Firma Later hat ihn sich zurückgeholt, weil sie von der Stadt noch kein Geld gekriegt hat. Und das sind meine Frau und meine Kinder: Peppino, Francuccio und Sisina. Kommt raus, Kinder!«

Unter den erstaunten Blicken der Umstehenden steigen, einer nach dem anderen, zwei Jungen und ein Mädchen aus der Luke; sie sind alle drei so groß und mager, daß sie nur die Kinder von Mercalli sein können. Jedes von ihnen hat ein offenes Marmeladenglas in der Hand.

»Der Vorrat für sechs Monate!« stöhnt Giorgio und hält sich entsetzt die Augen zu.

»Ich brauche Ihnen wohl nicht lange zu erklären«, beginnt jetzt Antonio Scalese mit lauter Stimme, »daß ich keineswegs die Absicht habe, diese Wohnung zu verlassen. Falls Sie Wert auf meine Meinung über den Bunker legen, muß ich Ihnen leider sagen, daß er nicht sehr gemütlich ist: Es fehlen Fenster, es ist furchtbar heiß da drin, und man hat das Gefühl zu ersticken, aber ich hab keine andere Wahl, und solange die Stadtverwaltung mir keinen brauchbaren Wohnraum zur Verfügung stellt, muß ich halt sehen, wo ich bleibe.«

Einer der Polizisten packt die Leiter und geht auf den Bunker zu.

»Keinen Schritt weiter!« ruft Antonio Scalese ihm zu und drängt seine ganze Familie eilig in den Bunker zurück. »Ich rate den Vertretern der Staatsgewalt, keine gewaltsame Räumung zu versuchen. Der Bunker ist, wie man so sagt, ›bombensicher‹, und wenn stimmt, was in dem Schweizer Prospekt steht, haben wir Lebensmittelvorräte für sechs Monate.« Dann wendet er sich mit einer Beschwerde an Giorgio: »Das einzige, was fehlt, ist Kaffee.«

Giorgio macht eine entschuldigende Geste.

»Ich glaube nicht, daß ich mich verrechne«, fährt Mercalli fort. »Wenn eine Schweizer Familie sechs Monate mit den Vorräten auskommt, dann reichen sie für eine Familie aus Neapel mindestens ein Jahr.«

»Werter Herr«, unterbricht ihn Frankfurter, »ich muß Sie darauf hinweisen, daß unser Atomschutzbunker nur im Kriegsfall bewohnt werden darf.«

»Dann, mein werter Herr«, entgegnet ihm Mercalli, der dabei den deutschen Akzent nachmacht, »muß ich Sie darauf hinweisen, daß für mich der Krieg bereits begonnen hat!«

Sokrates und die Ufos

Sokrates: Sei gegrüßt, Eupolemos, endlich weilst du wieder unter uns; wenn mich die Erinnerung nicht trügt, liegt es schon wenigstens drei Monate zurück, daß du nach Larissa gefahren bist.
Eupolemos: Das war vor genau drei Monaten, o Sokrates. Das letzte Mal haben wir uns am vierten Tag der Panathenäen gesehen. Ich weiß noch, daß wir uns, als wir von der Akropolis herabgestiegen waren, zusammen zu Philoxenos begaben und daß du dort, nach einem Becher guten Weines, von den Göttern und dem Schicksal gesprochen hast und davon, daß das Schicksal stets stärker sei als alle Götter.
Sokrates: Und aus welchem Grund hast du dich diesmal in deiner Vaterstadt aufgehalten? Warst es nicht du, der den Thessalern vorwarf, sie seien alle faul und oberflächlich?
Eupolemos: Ja, aber ein beklagenswertes Ereignis hat mich getroffen. Ich habe meinen Vater verloren und mußte mich, da meine Geschwister noch nicht volljährig sind, um die Familienangelegenheiten kümmern.
Sokrates: Das tut mir aufrichtig leid. Wenn auch verspätet, so möchte ich dir doch mein Beileid bekunden.
Eupolemos: Im Grunde, o Sokrates, brauchst du mich nicht allzusehr zu bedauern. Mein Vater war schon alt, und er hat ein langes Leben geführt, das ganz seinen Wünschen entsprach.
Kriton: Verzeih, wenn ich mich einmische, o Eupolemos, doch auch ich bin alt und auch ich habe immer meinen Wünschen gemäß gelebt, und doch würden meine Kinder es bedauern, wenn ich sterben würde.

Eupolemos: Nicht nur deine Kinder, o Kriton, sondern alle aufrechten Athener würden deinen Tod beweinen.
Sokrates: Nun sag mir, Eupolemos: Was für einen Eindruck haben die Thessaler diesmal auf dich gemacht?
Eupolemos: Die sind immer noch wie früher, o Sokrates. Erst erfinden sie irgendwas und dann halten sie's selbst für wahr. Ein gewisser Prestiphoremos zum Beispiel schwört, er sei eines Nachts zwischen den Olivenbäumen hinter seinem Haus einem leibhaftigen Außerirdischen begegnet...
Kriton: Einem Außerirdischen?
Eupolemos: Ja, einem grünen Männchen mit zwei Augen vorne und zwei hinten, das auf dem Kopf ein rotierendes Ohr zum Auffangen von Geräuschen hatte. Und die Thessaler haben ihm, anstatt sich über ihn lustig zu machen, wie er es verdient hätte, geglaubt und ihm Geschenke gebracht. Inzwischen weigert sich der Schlaumeier sogar, sein Land zu bestellen und lebt lieber auf Kosten der Polis, indem er den Leuten andauernd dieselbe Geschichte erzählt. Man hat mir berichtet, daß er für zwei Minen sogar bereit war, eine Zeichnung vom Körper des Fremden anzufertigen.
Sokrates: Seltsam, daß alle, die Wesen von anderen Welten gesehen haben, sie als grüne Männchen beschreiben. Von anderen Farben ist nie die Rede.
Eupolemos: Das liegt wohl daran, daß sie so leichter von uns Menschen zu unterscheiden sind. Jemandem, der behauptet, einen gelben Außerirdischen gesehen zu haben, könnte man ja entgegenhalten, er sei einem Chinesen begegnet!
Kriton: Anaxagoras, der gelehrt ist in himmlischen Dingen, sagt, bisher seien mehr als zweihunderttausendmal Ufos gesichtet worden, und im Wald von Oreos, auf der Insel Euböa, habe man gigantische Abdrücke von der Form eines Hühnerfußes entdeckt.
Sokrates: Wenn jemand fliegende Untertassen gesehen hat und grüne Männchen, die im Wald umherliefen, dann sehe ich, wenn er ein achtenswerter Mann ist, keinen Grund, warum ich ihm nicht aufs Wort glauben sollte; trotzdem kommt es mir merkwürdig vor,

daß diese mysteriösen Wesen gut zweihunderttausendmal die Erde besucht und sich anschließend in Luft aufgelöst haben sollen. Du, o Eupolemos, bist heute morgen in Larissa losgefahren, und du wirst wohl eine gewisse Zeit gebraucht haben, um Athen zu erreichen.

Eupolemos: Fünf Stunden und zehn Minuten von der Autobahnauffahrt Larissa bis zur Ausfahrt Athen.

Sokrates: Und du hast es dir nicht, sobald du die Mauer des Themistokles erblicktest, anders überlegt und gewendet?

Eupolemos: Das wäre mir nicht mal im Traum eingefallen, o Sokrates! Wenn ich nach Athen gekommen bin, dann doch mit einem konkreten Ziel, nämlich, dich und Kriton zu treffen.

Sokrates: Auch die Außerirdischen, denke ich, werden ein konkretes Ziel haben, sonst hätten sie doch niemals eine so lange Reise unternommen. Ich nehme an, sie sind auf der Suche nach weiteren Kulturen in unserer Galaxis, oder sie interessieren sich zumindest für die abertausend neuen Dinge, mit denen die Natur denjenigen konfrontiert, der den Weltraum erforschen will: bislang unbekannte Arten von Materie, seltsame Erfindungen, andere Nahrungsmittel, besondere Sitten und Gebräuche und so weiter. Kurz und gut, wenn man denjenigen glaubt, die behaupten, es seien tatsächlich Außerirdische auf der Erde gelandet, dann hätten die bislang gesichteten Fremden nach einer äußerst langweiligen Reise von zwei- bis dreitausend Jahren sich einen Augenblick lang irgendeinem x-beliebigen Bauern gezeigt, um dann sogleich die Rückreise anzutreten.

Eupolemos: Das ist in der Tat wenig glaubwürdig.

Sokrates: Es kommt mir vor, wie wenn Christoph Columbus, an der Küste Amerikas angelangt, sofort nach dem Ruf »Land in Sicht!« des Ausgucks zu seiner Mannschaft gesagt hätte: »Gut gemacht, Jungs, und jetzt kehren wir so schnell wie möglich nach Spanien zurück, Königin Isabella macht sich sicher schon Sorgen um uns.« Während gleichzeitig ein Eingeborener zu seinem Häuptling eilte, um zu ihm zu sagen: »Ich heute morgen gesehen drei Karavellen-Ufo.«

Kriton: Willst du damit vielleicht sagen, o Sokrates, wir seien die einzigen Bewohner des Universums?
Sokrates: Das würde ich nie zu behaupten wagen, o Kriton, im Gegenteil, wenn du meine Meinung hören willst, ich glaube, es gibt tausende, ja vielleicht Millionen von bewohnten Planeten; nur daß diese Welten aufgrund der ungeheuren Entfernungen, die sie trennen, nicht miteinander in Verbindung stehen. Demokrit hat mir einmal gesagt, daß auf den Planeten, die uns am nächsten liegen, keine Form von Leben existieren kann: Merkur ist eine rotglühende Kugel, und das gleiche gilt für die Venus, wo Temperaturen von mehr als tausend Grad herrschen. Vom Mars ab sind die Planeten hingegen, wegen der zunehmenden Entfernung von der Sonne, kälter als die Gletscher des Kaukasus. Bei der Lage der Dinge muß man, wenn man den unseren halbwegs ähnliche Verhältnisse vorfinden will, sich schon in ein anderes Sonnensystem begeben.
Kriton: Und welcher Stern käme als Sonne dieses anderen Systems in Frage?
Sokrates: Ein Stern, der Alpha Centauri genannt wird. Demokrit zufolge ist er uns so nah, daß er, von einem anderen Punkt der Galaxis aus gesehen, ebenso mit unserer Sonne verbunden schiene, wie Mizar für Personen mit scharfen Augen mit seinem Zwillingsstern verbunden erscheint.
Eupolemos: Und wäre es nicht möglich, daß in einer gewissen Entfernung von diesem Stern, vielleicht in der Entfernung, die uns von der Sonne trennt, ein dem unseren ähnlicher Planet existiert, mit der gleichen Temperatur wie hier, mit der gleichen Atmosphäre, auf dem gerade in diesem Moment ein anderer Sokrates Überlegungen zu der Frage anstellt, ob es uns gibt?
Sokrates: Höchstwahrscheinlich ist es so; doch würden wir, um diesen Planeten zu erreichen, so ungeheuer viel Zeit brauchen (hunderttausend Jahre für den Hinweg und abermals hunderttausend für den Rückweg), daß uns kein Teilnehmer an irgendeiner Expedition je von den Wundern, die er gesehen hat, berichten könnte. Deshalb bin ich überzeugt, daß der erste Kontakt zu den

Bewohnern einer anderen Welt niemals in Form einer persönlichen Begegnung erfolgen kann, sondern nur durch radioastronomische Hilfsmittel. Eines schönen Tages wird eines der vielen hinaus in die Leere zwischen den Sternen gerichteten Radioteleskope ein Signal empfangen, das sich von allen anderen unterscheidet. Und sofort werden sich unsere Astronomen daran machen, die Botschaft zu entschlüsseln und, mit dem gleichen Code, eine Antwort zu verfassen.

Eupolemos: Und wie, o Sokrates, erklärst du dir, daß so viele Menschen schwören, Außerirdische gesehen und mit ihnen gesprochen zu haben?

Sokrates: Der Geist des Menschen kommt nicht ohne Hoffnung aus, ebensowenig wie der Magen ohne Nahrung auskommt. Das Leben aber ist oft bitter und versagt den Sterblichen die Erfüllung ihrer Wünsche. Es gibt ein paar unumstößliche Wahrheiten: Alle müssen sterben, wer häßlich ist, kann niemals schön werden, wer alt ist, kann nie wieder jung werden, und wer ein trübseliges Leben führt, an dem ihn nichts begeistert, weiß, daß es ihm sehr schwerfallen wird, dies zu ändern. Und was kann man da tun? Es bleibt einem nur eins: sich ins Geheimnisvolle zu flüchten, ins Übersinnliche zu entweichen. Und so erleben allüberall die Märchen, die Mythen, die Außerirdischen, die Horoskope, die Drogen und der politische Extremismus eine Hochblüte. Sobald auf dem Markt eine Nachfrage entsteht, ist auch schon das entsprechende Angebot da: Die Propheten, die Führerfiguren, die Rauschgifthändler und Lotterieverkäufer, all die Berufe, die von den Ängsten der anderen leben, schießen wie Pilze aus dem Boden.

Eupolemos: Und was könnte man gegen diese Art von Händlern unternehmen?

Sokrates: Man müßte sie aus den Tempeln jagen! Ich bin jedoch schon alt und habe nicht mehr genug Kraft für solche Kämpfe. Wenn einer von uns dies tun könnte, dann du, Eupolemos, denn du bist jung und kräftig.

Eupolemos: Ich danke dir für die erteilten Ratschläge und für deine erleuchtenden Worte. Jetzt aber muß ich dich, o Sokrates, und auch dich, o Kriton, schweren Herzens verlassen, da ich mich mit Simmias von Theben vor dem Kino Apollo verabredet habe. Heute ist dort die Weltpremiere von *E.T.'s Rückkehr zur Erde,* und Simmias und ich wollen nicht zu spät kommen.

Der Doppelgänger

»Wer hat eigentlich die erste Olympiade organisiert, Professore?« erkundigt sich Salvatore.

»Über ihre Ursprünge weiß man nichts Genaues«, erklärt ihm Bellavista. »Die einen sprechen dieses Verdienst dem Herakles zu, andere dem Achill, und wieder andere meinen, Iphitos, der König von Elis, habe sie im Jahr 776 vor Christus veranstaltet.«

Der Professor und seine Schüler sind eben von ihrem Nachmittagsspaziergang zurückgekehrt: Via Petrarca, Via Manzoni, Parco della Rimenbranza, und auf dem Rückweg eine Kaffeepause in der Bar Miramare. Obwohl wir Mitte Januar schreiben, ist der Himmel über Neapel von einem intensiven, klaren Blau, und es ist so mild, daß man meinen könnte, der Frühling sei bereits im Anzug. Die Gruppe der nachmittäglichen Spaziergänger mit dem lautstark erklärenden Professor an der Spitze tritt in den Hauseingang, um das Gespräch in der Pförtnerloge fortzusetzen.

»Das Griechenland jener Zeit war ein Miniaturuniversum«, führt Bellavista aus, nachdem er in dem ihm zugedachten Sessel Platz genommen hat. »Ihr müßt es euch als eine Ansammlung von Dörfern, jedes so groß wie Afragola, vorstellen, die ständig miteinander Krieg führten. Es war schlichtweg unmöglich, dort ein ganzes Leben zu verbringen, ohne einen Streit mit den Nachbardörfern auszutragen. Die Sklaven arbeiteten von morgens bis abends, und ihre Herren gingen der einzigen Beschäftigung nach, von der sie etwas verstanden: Sie führten Krieg! Denkt nur daran, daß in den seltenen Friedenszeiten die jungen Spartaner, um ihre Langeweile zu bekämpfen, Sklaven losbanden, um sie die ganze Nacht zu verfolgen; und der erste, der sie fand, brachte sie um.«

»Und wenn einer körperlich für so ein Leben nicht getaugt hat?« fragt Saverio.

»Wenn einer schwach und häßlich war, dann lief er Gefahr, gleich nach der Geburt ins Jenseits befördert zu werden«, erwidert Bellavista.

»Mamma mia!« ruft Salvatore ziemlich beeindruckt aus.

»Dich hätten sie bestimmt gleich in eine Mülltüte gesteckt und weggeschmissen, Salvatò«, hänselt ihn Saverio.

»Unter den griechischen Kleinstaaten grenzte einer, Elis, direkt an Sparta, die kriegerischste aller griechischen Städte. Eines Tages sagte Iphitos, der König von Elis, der sehr besorgt war wegen dieser kampflustigen Nachbarn, zu seinen Untertanen: ›Kinder, wir stecken ganz schön in der Klemme! Entweder bereiten wir uns auf einen Kampf mit den Spartanern vor und lassen uns von denen windelweich schlagen, oder wir erkennen ihre militärische Vorherrschaft an, und dann zwingen sie uns, genauso ein Leben zu führen wie sie selbst. Die einzige Möglichkeit, uns zu retten, besteht darin, daß wir unser Territorium zum heiligen Bezirk erklären.‹ Und so brachte man ganz behutsam das Gerücht in Umlauf, Zeus habe als Kind in den Wäldern von Elis gespielt, und Herakles habe, gleichfalls hier, in einem Wettstreit seine Brüder besiegt. Nun gut, nachdem die Bewohner von Elis auf diese Idee gekommen waren, die ihnen das Überleben sichern sollte, gab es keine Probleme mehr. Die Stadt Olympia wurde zum neutralen Ort erklärt, und einmal alle vier Jahre schickten sämtliche Staaten Griechenlands ihre tüchtigsten Sportler dorthin, damit diese untereinander Wettkämpfe austrugen. Für die Dauer der Spiele wurden sämtliche Kriege unterbrochen.«

»An den Wettkämpfen nahmen aber nur Männer teil, nicht wahr?« fragt Saverio.

»Den Frauen war selbst das Zuschauen verboten, unter Androhung der Todesstrafe! Einmal verkleidete sich eine, Kallipatira, als Trainer, weil sie ihrem Sohn, der an den Wettkämpfen teilnahm, zusehen wollte; als der dann gewann, umarmte sie ihn so herzlich, daß allen klar wurde, daß sie eine Frau war. Daraufhin legte man fest, daß alle, die die Wettkampfstätte betreten wollten, völlig nackt zu sein hatten.«

»Und haben die Athleten dabei gut verdient?«

»Und ob! Als Olympiasieger hatte man für sein ganzes Leben ausgesorgt. Und für das seiner Nachkommen. Die erfolgreichen Sportler verdienten so viel, daß viele Philosophen, darunter Xenophanes und Platon, sich darüber empörten, daß in Griechenland die Muskeln mehr wert seien als das Gehirn.«

»Genau wie heute, Professore«, bemerkt Salvatore. »Es ist schon immer so gewesen: Ein Fußballspieler kann allemal mehr Geld machen als ein Universitätsprofessor. Nehmen wir doch nur Maradona: Bei uns hier in Neapel fehlt's an allen Ecken und Enden, und trotzdem haben wir den teuersten Spieler der Welt eingekauft.«

»Also Professore, offen gesagt glaube ich nicht so recht daran, daß die Neapolitaner alle arme Teufel sind«, erklärt Saverio. »Ich hab den Eindruck, von uns Armen gibt's nur noch ein paar, alle anderen haben die Taschen voller Geld.«

»Und wie kommst du plötzlich auf so eine Idee?« fragt Salvatore erstaunt.

»Schau, Salvatò, ich hab schon immer den Verdacht gehabt, daß die Neapolitaner ziemlich reich sind. Es gibt hier zuviele Autos, zuviele Farbfernseher, zuviele Leute, die im Restaurant zu Abend essen. Aber den endgültigen Beweis dafür hab ich aus dem Müll.«

»Aus dem Müll?«

»Jawohl: aus dem Müll«, bestätigt Saverio. »Bei aller Bescheidenheit: Was Abfälle betrifft, bin ich ein Fachmann. Seit fünf Jahren arbeite ich bei der Müllabfuhr, und glaubt mir, an dem, was eine Familie hinunter zur Mülltonne bringt, erkenne ich mit einem Blick, sogar ohne den Müllsack zu öffnen, was für einen Lebensstandard sie hat. Wenn ich Finanzminister wäre, würde ich vor allem den Müll der Steuerzahler überprüfen lassen. Wenn natürlich das staatliche Amt für Statistik das Durchschnittseinkommen in einer Stadt auf der Grundlage der abgegebenen Steuererklärungen berechnet, dann muß Neapel ja auf dem letzten Platz landen.«

Mit den Worten: »Professore, erlauben Sie mir, einen poetischen Gedanken zum Ausdruck zu bringen?« erhebt sich Luigino und deklamiert:

> *»Von den Pyrenäen bis zum Bosporus,*
> *von den Alpen bis an der Pyramiden Fuß,*
> *zeige mir deinen Mist*
> *und ich sage dir, wer du bist!«*

In diesem Augenblick ertönt auf der Straße ohrenbetäubender Lärm. Heftiger Beifall, laute Hochrufe und rhythmisches Hupen dringen herein. Salvatore steht auf, um nachzuschauen, was los ist. Nach wenigen Sekunden kommt er mit verzückter Miene zurück.

»Professore, da draußen ist Maradona! Jawohl, Maradona, wie er leibt und lebt! Er kann nicht weiter, weil ihn eine Horde von begeisterten Fans bedrängt. Diese *Tifosi* wollen alle ein Autogramm, mehr als hundert...«

Salvatore hat den Satz noch nicht zu Ende gesprochen, da stürmt eine Gruppe von Personen zu ihnen herein, an der Spitze Maradona mit seinem Manager und einem Fotografen.

»Ruhig, *muchachos*, ruhig: nichts *autógrafos*«, ruft der argentinische Begleiter, der Maradona mit dem eigenen Körper abschirmt. Und fügt dann, an Bellavista und die anderen gewandt, hinzu: »*Señores*, verzeihen Sie *la invasión*.«

Salvatore versucht, ihm spanisch zu antworten und erwidert höflich: »*Priego.*«

»*Por favor*«, fährt der Argentinier an ihn gewandt fort, »sagen Sie *a los tifosos*, daß kann nicht Dieguito geben *autografós*. Sie können machen einige Fotos wenn sie kommen *uno a la vez*.«

Maradona wirkt verschreckt. Doch sein Manager hat die Situation im Griff. Er läßt nur die herein, die sich mit dem Fußballstar fotografieren lassen wollen. Draußen am Eingangstor wird dafür gesorgt, daß die Leute Schlange stehen. Salvatore bekommt zehntausend Lire dafür, daß er für Ordnung sorgt. Der Fotograf verlangt von allen, die hereinkommen, Bezahlung im voraus: fünftausend Lire pro Foto mit der Garantie, daß alle Abzüge Maradonas Autogramm tragen werden.

»Du bist toll, Dieghito!« ruft ein Tifoso und versucht, den Star zu umarmen. »Mit dir werden wir bestimmt Meister!«

»Schnell, *señor*«, fordert ihn Maradona auf und versucht ihm auszuweichen. »Schnell, weil ich muß *volver* nach Haus.«

Damit es schneller geht, läßt man jetzt immer zwei Tifosi zusammen herein. Es bleibt gerade so viel Zeit, daß jeder Maradona die Hand schütteln kann, dann leuchtet der Blitz des Fotografen auf, und schon sind die nächsten zwei dran. Schließlich taucht noch ein Argentinier auf und ruft:

»*Vamos, Maradona, vamos!*«

Eh man sich's versieht sind sie, genauso schnell, wie sie gekommen sind, alle verschwunden, und kurz darauf treten der Kommissar Di Domenico und der Carabinierigefreite Colapietro in die Pförtnerloge.

»Guten Tag, Professore«, grüßt der Kommissar. »wie lange ist der falsche Maradona schon weg?«

»Noch nicht mal fünf Minuten«, antwortet Bellavista gelassen. »Ich hab gleich gemerkt, daß der nicht echt war, aber ich war neugierig, wie die Sache ausgehen würde.«

»Möchten Sie einen Kaffee, Commissario?« mischt sich Salvatores Frau Rachelina mit ihrem neapolitanischen Kaffeemaschinchen in der Hand ein.

»Eigentlich müßten wir ja gehen«, erwidert der Kommissar, der sich nicht recht entschließen kann, zu einem kleinen Schwätzchen mit dem Professor dazubleiben.

»Wohin sollen wir denn gehen?« gibt ihm Colapietro zu bedenken. »Die Sorrentinos sind weg, und heute abend erwischen wir sie bestimmt nicht mehr. Versuchen wir lieber rauszukriegen, wer der Fotograf ist. Salvatore könnte ihn uns beschreiben.«

»Was sind denn das für Kerle?« fragte Bellavista.

»Nichts weiter: nur kleine Gauner«, erklärt Di Domenico verächtlich. »Es handelt sich um die Brüder Sorrentino, die schon öfter wegen kleiner Betrügereien gesessen haben. Vor einem Monat, während der Weihnachtsfeiertage, hatten sie endlich einen ehrlichen Broterwerb gefunden: Vincenzino, der jüngere der beiden, sieht Maradona ähnlich, und so hat er sich in den städtischen Grünanlagen fotografieren lassen. Wie Sie sicher wissen, lassen sich ja an den Feiertagen die Kinder gern zusammen mit dem Weihnachtsmann fotografieren, nur hat es dieses Jahr in Neapel wegen der hohen Arbeitslosigkeit mehr Weihnachtsmänner als Kinder gegeben, und deshalb war die Idee mit den Maradonafotos Gold wert. Aber irgendwann ist Weihnachten halt vorbei. Damit konnten sich die Brüder Sorrentino nicht abfinden und haben die Sache mit den Fotos weiterbetrieben, nur daß sie Vincenzino jetzt als den echten Maradona ausgegeben haben. Wenn es nach mir ginge, ließe ich sie in Ruhe: Aber leider ist Anzeige erstattet worden, und so muß ich etwas tun.«

»Aber wer hat sie denn angezeigt?« will Bellavista wissen.

»Das ist eine verwickelte Angelegenheit«, erklärt der Kommissar, der mittlerweile entschlossen ist, noch wenigstens ein halbes Stündchen zu bleiben. »Lieber Professore, Sie müssen wissen, daß zusammen mit dem Fußballstar, der ein tüchtiger Kerl ist, hier ein sehr bedeutendes Wirtschaftsunternehmen aufgetaucht ist, die ›Maradona Production‹, die als einzige berechtigt ist, das Image des argentinischen Fußballers zu verwerten. Diese Firma betreibt ein Geschäft mit einem amerikanischen Namen, den ich nicht richtig aussprechen kann, weil ich nicht Englisch kann, aber er klingt wie *merschandais* oder so ähnlich, und das bedeutet, daß von jedem verkauften Gegenstand mit dem Bild von Maradona drauf, zum Beispiel einem Glas, die ›Maradona Production‹ einen Teil des Verkaufspreises bekommt.«

»Mannomann«, ruft Saverio aus, »was die sich alles einfallen lassen!«

»Nur hat das nicht so recht geklappt«, fährt Di Domenico fort. »Die von der ›Maradona Production‹ haben eine ganz schöne Wut im Bauch: Als sie, mit einem Monat Verspätung, hier in Neapel angekommen sind, mußten sie feststellen, daß die Neapolitaner alles, was man mit dem Gesicht von Maradona machen kann, bereits gemacht hatten. Auf Schritt und Tritt begegnete man in Neapel dem Bild von Maradona: Aufgabenhefte für Schulkinder mit seinem Foto, Maradonaköpfe mit roten Augen hinten in den Autos, die zusammen mit den Bremslichtern aufleuchten, Maradona-Unterhosen, Maradona-T-shirts, Maradona-Handtücher und auf den Tomatengläsern blaue Verschlüsse mit dem Kopf von Maradona drauf; im Borgo Sant' Antonio Abate hatte jemand sogar einen Verkaufsstand mit Maradona-Perücken aufgestellt, und wenn man dort ein paar Jungs auf der Straße Fußball spielen sah, meinte man, lauter Maradonas vor sich zu sehen.«

»Ja, wenn's was zu verdienen gibt, dann sind wir Neapolitaner verdammt fix!« ruft Salvatore stolz aus.

»Das ist die uralte Fertigkeit, sich irgendwie durchzuwursteln, die hier zutage tritt, sobald sie gebraucht wird«, merkt der Professor an. »Und auch diese Eigenschaft verdanken wir den Griechen.«

»Wie meinen Sie das, Professore?« erkundigt sich der Kommissar.

»Im alten Griechenland hatte die Kunst, sich irgendwie durchzuwursteln, sogar einen Schutzpatron: Das war Poros, die Personifizierung der Fähigkeit, stets einen Ausweg zu finden«, erläutert der Professor. »An diesen Gott wandten sich die Armen, wenn sie sich in Schwierigkeiten befanden. Platon spricht in einem seiner schönsten Dialoge von ihm, im *Gastmahl.*«

Als der Name Platon fällt, rücken alle näher an den Professor heran, damit ihnen kein Wort entgeht. Hier in der Pförtnerloge des Hauses Via Petrarca 58 hat Platon dank Bellavista, der es verstanden hat, ihn seinen Zuhörern näherzubringen, eine große Gefolgschaft.

»Es geht darin um Eros, um die Liebe«, beginnt Bellavista. »Und Platon läßt in diesem Dialog alle auftretenden Personen ihre Meinung dazu äußern. Als die Reihe an Sokrates kommt, erzählt er von der Geburt der Liebe.«

»Der Professore verehrt Sokrates leidenschaftlich«, flüstert Salvatore dem Kommissar zu.

»Sokrates erzählt, wie einmal alle olympischen Götter zu einem großen Bankett zur Feier des Geburtstages der Aphrodite geladen wurden, mit Ausnahme von Penía, der Göttin der Armut; diese wurde eben deshalb, weil sie arm war, nicht eingeladen.«

»Schau mal an!« ruft Saverio aus. »Diese olympischen Götter erinnern mich aber sehr an eine Familie, die ich kenne, die des Barons Santorsola Davalós: Die tragen auch alle die Nase so hoch!«

»Du hast recht«, bestätigt Bellavista. »Nun, Penía ging trotzdem zu dem Fest, blieb aber draußen vor der Tür...«

»... des Restaurants...« wirft Salvatore ein.

»... des Hauses, wo das Bankett stattfand, und hoffte, daß irgendeiner der geladenen Gäste ihr etwas zu essen hinwerfen würde. Poros hatte an diesem Abend eine Menge Nektar getrunken, war davon ziemlich betrunken und wollte deshalb ein wenig hinausgehen, um frische Luft zu schnappen. Als er die kühle Abendluft einsog, begann sich jedoch in seinem Kopf alles zu drehen, er verlor das Bewußtsein und sank zu Boden, genau vor die Füße der Penía. Der Göttin der Armut wurde blitzschnell klar, daß sie diese Gelegenheit, alle ihre Probleme zu lösen, nutzen mußte. Sie dachte: ›Da vor mir liegt Poros, der schlauste unter den Göttern. Nur ein Gott wie dieser kann mir helfen!‹ Ohne Zeit zu verlieren vereinigte sie sich mit ihm, und daraus entstand Eros.«

»Direkt vor dem Saal, in dem das Bankett stattfand?« fragt Salvatore ziemlich verblüfft.

»Die Moral der Geschichte ist die folgende«, fährt der Professor fort. »Die Liebe ist für Sokrates ein Kind der Armut, und mit dieser Vorstellung nähert er sich Jesus, aber sie ist auch Kind der Erfindungsgabe, und das rückt ihn in die Nähe von Darwin. Sokrates beschreibt den Eros als einen Jüngling, der selbst nicht schön ist, aber das Schöne liebt, da er am Geburtstagsfest der Aphrodite gezeugt wurde, und fügt dann wörtlich an: ›Zuerst ist er immer arm und bei weitem nicht fein und schön, wie die meisten glauben, vielmehr rauh, unansehnlich, unbeschuht, ohne Behausung, auf dem Boden immer umherliegend und unbedeckt, schläft vor den Türen und auf den Straßen im Freien und ist der Natur seiner Mutter gemäß immer der Dürftigkeit Genosse. Und nach seinem Vater wiederum stellt er dem Guten und Schönen nach, ist tapfer, keck und rüstig, ein gewaltiger Jäger, alle Zeit irgend Ränke schmiedend, nach Einsicht strebend, sinnreich, sein ganzes Leben lang philosophierend, ein arger Zauberer, Giftmischer und Sophist.›«

Die Zuhörer hätten nach diesem langen Zitat am liebsten applaudiert. Insbesondere der Kommissar Di Domenico zeigt sich höchst interessiert.

»Ja, lieber Professore«, beginnt er. »Dann hat also Platon schon viele Jahrhunderte vor der Entstehung Neapels eine Art Phantombild des kleinen neapolitanischen Gauners entworfen! Das einzige, was ich nicht verstehe, ist, was das alles mit der Liebe zu tun hat.«

»Die Liebe kann, nach Ansicht von Sokrates, nur aus der

Armut entstehen; ich werde euch das mit einem Beispiel erklären«, sagt Bellavista und erhebt sich. »Nehmen wir einmal an, Salvatore geht jetzt hinaus auf die Straße und findet dort eine Brieftasche mit zehn Milliarden Lire in bar, was würde er dann wohl machen?«

»O Mann«, ruft Salvatore aus, und seine Augen beginnen schon bei dem Gedanken daran, eine Brieftasche voller Geld zu finden, zu glänzen. Doch da er fürchtet, das prophezeite Ereignis könne womöglich nicht eintreten, wenn er sich zu habgierig zeigt, fügt er an: »Sagen wir lieber eineinhalb Millionen, Professore, zehn Milliarden scheinen mir ein bißchen zu stark übertrieben.«

»Nein, zehn Milliarden«, wiederholt Bellavista lauter. »Und da frage ich dich, lieber Salvatore: Wie würde sich dein Leben ändern, wenn du zehn Milliarden Lire auf der Straße fändest?«

»Aber das ist unmöglich!« erwidert Salvatore verwirrt.

»Überlege jetzt nicht lange, ob das möglich ist oder nicht!« platzt der Professor heraus, der nahe daran ist, die Geduld zu verlieren. »Beantworte meine Frage: Was würdest du tun, wenn du jetzt zehn Milliarden Lire hättest?«

Salvatore blickt ziemlich verschreckt um sich. Er weiß nicht, was er antworten soll, und schaut Saverio hilfesuchend an. Dann murmelt er, als schäme er sich:

»Ich würde mir eine Wohnung kaufen.«

»Eine Wohnung, mit zehn Milliarden! Nichts weiter als eine Wohnung?! Ich schätze, du würdest dir mindestens eine Villa kaufen.«

»Ja, ja, eine Villa, eine Villa!« pflichten ihm alle anderen bei.

»Ist doch klar, daß er sich eine Villa kaufen muß, Professore«, erklärt Saverio, als hätte Salvatore tatsächlich eine Brieftasche voll Geld gefunden. »Mit zehn Milliarden kann Salvatore nicht in einem Wohnblock wohnen wie irgendein armer Teufel! Nein, da kauft er sich natürlich eine große Villa in Posillipo, drei Stockwerke, Zugang zum Meer, mit einer kleinen Wohnung für Freunde und einem riesigen Park, in dem wir alle zusammen wunderschöne Spaziergänge machen können.«

»Und am Eingang ein Gittertor?« hakt der Professor nach.

»Ein Gittertor?« ruft Saverio aus und verhindert damit, daß der frischgebackene Milliardär Salvatore selbst antwortet. »Na klar, aber es muß fünf Meter hoch sein. Und dann wollen wir rings um das Grundstück eine Mauer mit Stacheldraht oben drauf und eine Alarmanlage. Mit zehn Milliarden können wir kein Risiko eingehen. Wenn ich Salvatore wäre, würde ich auch noch ein Dutzend Dobermänner im Park umherlaufen lassen.«

»Ja, und Leibwächter wären auch nicht schlecht«, schlägt der Kommissar vor. »Schließlich wird das mit den Entführungen immer schlimmer.«

»Was mir wirklich gefallen würde«, äußert Salvatore schüchtern einen Wunsch, »wäre, einen Sekretär zu haben.«

»Ausgezeichnet«, meint Bellavista abschließend. »Und wenn ich recht verstanden habe, müßte, wenn Salvatore Milliardär wird, jeder, der zu ihm will, zuerst am Eingangstor klingeln, dann mit den Leibwächtern sprechen, danach mit dem Sekretär, schließlich mit den Dobermännern, und dann erst bekäme er ihn selbst zu Gesicht! Ansonsten lebt er die ganze Zeit allein, zusammen mit seinen zehn Milliarden in sein Haus eingeschlossen, die Ohren stets gespitzt aus Angst davor, beraubt zu werden. Er wird mißtrauisch und hartherzig werden und auf alle anderen heruntersehen. Nein, meine Herren, Gott sei Dank hat unser Salvatore keine Brieftasche gefunden und wird deshalb immer zu wenig Geld haben, und seine Armut wird dafür sorgen, daß er sein Leben mit seinen Mitmenschen teilt und daß er liebt, um wieder geliebt zu werden.«

»Professore, Sie haben mich überzeugt«, gesteht Salvatore. »Ich werde jetzt, wenn ich nach draußen gehe, aus Angst, zehn Milliarden Lire auf der Straße zu finden, überhaupt nicht nach unten schauen, nicht mal, um zu sehen, wohin ich die Füße setze!«

»Salvatore ... Salvatore«, ruft Cazzaniga, als er in der Tür der Pförtnerloge auftaucht.

Mit den Worten: »Was gibt's, Dottore?« geht ihm der Vizeersatzhausmeister ein paar Schritte entgegen.

»Ich brauche Ihre Hilfe, Sie könnten mir einen großen Gefallen tun«, beginnt Cazzaniga etwas verlegen. »Nächsten Sonntag kommen zwei Neffen von mir aus Mailand nach Neapel, um Inter hier spielen zu sehen. Ich möchte Sie zwar nicht belästigen, aber ich verstehe rein gar nichts von Fußball und weiß nicht, wo ...«

»Keine Sorge, verlassen Sie sich ganz auf Ihren Salvatore, der löst jedes Problem für Sie: Sagen Sie nur, worum's geht.«

»Ich wollte Ihnen eben erklären, daß diese beiden Neffen mich angerufen und mich gebeten haben, ihnen zwei Tribünenkarten für das Spiel Napoli – Inter zu besorgen, aber ich weiß nicht mal, wo die verkauft werden.«

»Die werden auch gar nicht verkauft.«

»Wie, man kann überhaupt keine kaufen?«

»Also, sie werden verkauft und sie werden nicht verkauft.«

»Entschuldigen Sie, Salvatore, aber ich habe heute keine Zeit zum Rätselraten. Es ist gleich acht und ich muß ins Büro. Ich wollte Ihnen das Geld für die Karten geben und Sie um den Gefallen bitten ...«

»Dottore«, unterbricht ihn Salvatore und schaut ihm fest in die Augen. »Ich komm bei Ihnen nicht mit: Sind Sie nun Chef der Personalabteilung bei Alfa Romeo oder nicht? Und warum stehen Sie dann mitten in der Nacht auf, nur um pünktlich in Pomigliano d' Arco zu sein? Wenn einer Abteilungsleiter werden will, dann doch nur, damit er ein bißchen länger schlafen kann; wenn das nicht wäre, würde doch keiner so 'nen Posten wollen. Der Professor Bellavista sagt immer: ›Als Vorgesetzter hat man nichts als Scherereien –

Gott sei Dank gibt es genug Leute, die bereit sind, diesen Posten für uns zu übernehmen!«

»Salvatore, seien Sie mir nicht böse«, sagt Cazzaniga und geht zu seinem Auto, »ich hab's eilig. Ein andermal werde ich gern mit Ihnen darüber diskutieren, warum jemand Abteilungsleiter wird, jetzt möchte ich Sie nur um den Gefallen bitten, mir zwei Karten für das Spiel Napoli – Inter zu besorgen.«

»Das ist kein Problem«, versichert ihm Salvatore, während er ihm nachläuft, »aber da der einzige, der sie beschaffen kann, ein Schwiegervetter von mir ist, der in der Nähe der Piazza Arenella wohnt, und Sie da eh vorbeimüssen, würde ich, wenn Sie gestatten, jetzt im Auto mit Ihnen kommen, und wir kaufen die Karten gleich heute früh.«

Die beiden steigen in den Wagen. Cazzaniga läßt den Motor an und wartet, genau nach Vorschrift, bis er warm ist.

»Glückwunsch, Dottore, ein tolles Auto!« meint Salvatore begeistert, nachdem er sich alles angesehen hat. »Nagelneu, nicht wahr?«

»Ja, der neue Alfa 75.«

»Phantastisch, und alle diese Lämpchen! Dottore, was ist das da?« Salvatore zeigt auf ein Bedienungsfeld.

»Das ist der Bordcomputer.«

»Der Bordcomputer? Nein, so was!« ruft Salvatore voller Bewunderung aus. Dann fügt er hinzu: »Wenn ich das richtig verstanden habe, braucht man sich mit so einem Bordcomputer überhaupt keine Gedanken mehr zu machen, oder?«

»Richtig«, erwidert trocken Cazzaniga, der offensichtlich frühmorgens keine große Lust zum Plaudern hat und dem es bereits ein wenig leid tut, daß er Salvatore mitgenommen hat.

Doch der läßt, wenn er sich einmal etwas in den Kopf gesetzt hat, nicht so schnell locker. »Und was macht so ein Bordcomputer, Dottore?« hakt er nach.

»Er liefert einem ständig die Betriebsdaten des Autos.«

»Die Betriebsdaten?«

»Ja.«

»Und sonst?«

»Sagen Sie mal, Salvatore, was ist denn heute morgen mit Ihnen los?« schnaubt Cazzaniga. »Was wollen Sie von mir? Wollen Sie sich einen Alfa 75 kaufen?«

»Nein, um Himmels willen, ich möchte nur eines wissen: Wenn der Bordcomputer kaputtgeht, können Sie dann trotzdem weiterfahren?«

»Ja.«

»Na, dann ist das verdammte Ding ja völlig überflüssig!«

»Lassen wir das«, unterbricht ihn Cazzaniga. »Wie war das mit Ihrem ... Vetter?«

»Schwiegervetter«, verbessert Salvatore.

»Ich weiß zwar nicht, was ein Schwiegervetter ist«, entgegnet Cazzaniga ein wenig mürrisch, »aber das ist jetzt nicht so wichtig. Was ich wissen will, ist: Wohnt Ihr Verwandter in der Nähe der Umgehungsstraße?«

»Jawohl, direkt an der Ausfahrt Piazza Arenella, die Sache mit den Karten ist in fünf Minuten erledigt. Ich möchte, daß Sie ihn kennenlernen, weil er wirklich ein tüchtiger Kerl ist! Bis vor kurzem war er arbeitslos, dann ist er ins Fußballgeschäft eingestiegen und geht jetzt beim Calcio Napoli einer geregelten Arbeit nach.«

»Hat er eine Stelle beim Calcio Napoli?«

»Nein, Dottore, er ist da nicht angestellt! Er arbeitet als *Bagarino*, als Kartenaufkäufer.«

»Er ist *Bagarino*, und da sprechen Sie von geregelter Arbeit?«

»Ja, schließlich braucht er die Karten jetzt nicht mehr als *Volante* selbst an den Mann zu bringen. Er ist den Bossen sympathisch, und seit einem Jahr ist er ein *Padroncino* und hat selbst seine *Volanti*, die für ihn arbeiten.«

»Entschuldigen Sie, Salvatore, ich verstehe wohl zu wenig vom Fußball, aber was ist ein *Volante*?« will Cazzaniga wissen.

»Der *Volante* ist sozusagen der Einzelhändler, er verkauft

um das Stadion herum die Karten. Der *Padroncino* kauft einen Kartenvorrat und verteilt ihn an seine *Volanti*, und der *Boss* finanziert das Ganze, hält sich im Hintergrund, hat das Geld und trägt das Risiko, daß die Karten nicht weggehen, zum Beispiel, wenn's regnet.«

»Wieviele Leute gehen denn dieser Arbeit nach?«

»In ganz Italien ungefähr zweitausend, und es sind fast alles Neapolitaner.«

»Zweitausend! Zweitausend Leute, die Karten für die Spiele von Napoli verkaufen?«

»Nein, nicht nur für die Spiele von Napoli, so werden Eintrittskarten für alle möglichen Veranstaltungen verkauft. Wenn Sie zum Beispiel zum Großen Preis von Monza gehen, oder nach Wimbledon zum Davis Cup, oder in Mailand in die Scala, oder wenn Sie sich in Deutschland das Spiel Hamburg gegen Real Madrid anschauen, überall finden Sie *Bagarini*, und es sind mit Sicherheit Neapolitaner.«

»Und verdienen sie viel dabei?«

»Es ist ein Glücksspiel: Sie können gewinnen, aber auch verlieren«, entgegnet Salvatore sachkundig und nicht ohne Bewunderung für diese Leute. »Es läuft so: Sie kaufen die Karten frühzeitig, wenn man noch nicht weiß, ob es am Spieltag regnen wird oder nicht. Sie übernehmen das Risiko, wie eine Versicherungsgesellschaft.«

»Das verstehe ich nicht«, meint Cazzaniga.

»Ich erklär's Ihnen noch mal ganz genau«, erwidert Salvatore langsamer, als ob er mit einem geistig Zurückgebliebenen spräche. »Lassen wir den Calcio Napoli mal beiseite, der ist ein großer Verein und hat das wohl nicht nötig, aber nehmen Sie zum Beispiel eine kleine Dorfmannschaft aus einer der unteren Spielklassen: Wenn da ein *Boss* vor Saisonbeginn 50% der Karten für die ganze Spielzeit zu einem Vorzugspreis kauft, dann hat der kleine Verein keine finanziellen Sorgen und kann mit dem Geld, das die *Bagarini* vorstrecken, seine Spielerkäufe planen.«

»Sie nützen also dem Sport?«

»Ja«, bestätigt ihm Salvatore. »Sie sind, wie ich Ihnen vorhin erklärt habe, eine Versicherungsgesellschaft, die verlieren oder gewinnen kann, ja nach dem, wie die Mannschaft spielt und ob es an den Spieltagen regnet oder nicht. So funktioniert das.«

»Ich möchte zwei Tribünenplätze.«

»Das macht fünfzigtausend pro Stück: zusammen hunderttausend Lire«, erklärt Gaetaniello, der von allen *der Student* genannt wird, in professionellem Ton.

»Hunderttausend Lire für zwei Tribünenplätze?!« ruft Cazzaniga aus.

»Dottore«, erklärt *der Student*, »Sie sind offensichtlich über die Preise nicht recht im Bild: Ein Tribünenplatz würde, wenn er an der Stadionkasse verkauft würde, fünfundvierzigtausend Lire kosten, rechnen Sie zehntausend für meine Arbeit dazu, und wir sind bei fünfundfünfzigtausend. Aber weil Sie ein Freund meines Vetters sind, hab ich Ihnen einen Sonderpreis gemacht. Wenn Ihnen das zuviel ist, hätte ich noch zwei Kurvenplätze für achttausend Lire das Stück.«

»Nein danke: Hunderttausend Lire kommen mir nur etwas viel vor, um ein Fußballspiel anzuschauen!«

»Und dabei haben Sie Glück gehabt: Die Karten, die ich Ihnen verkaufe, hab ich heut morgen aus Mailand gekriegt.«

»Aber in Mailand gibt es keine Karten mehr für Napoli – Inter«, wendet Cazzaniga naiv ein.

»Logisch: Die haben wir alle aufgekauft, ich und mein Kollege *Dickschädel*«, erklärt der *Student*. »Weil wir in Neapel keine mehr gekriegt haben, mußten wir, um unsere Kunden zufriedenzustellen, Karten kaufen, die für die Inter-Fans in Mailand bestimmt waren.«

»Na gut«, seufzt Cazzaniga und zieht hunderttausend Lire aus der Brieftasche. »Aber kann ich auch sicher sein, daß die Karten echt sind?«

»Also nein, Dottore, das hätten Sie nicht sagen dürfen!« entgegnet *der Student* sichtlich beleidigt. »Ich verzeih Ihnen nochmal, weil Sie kein Neapolitaner sind, aber vergessen Sie bitte nicht, bei wem Sie kaufen. Wenn Sie Referenzen haben wollen, kein Problem: Fragen Sie einfach auf der Polizeiwache von Fuorigrotta, die sagen Ihnen, mit wem Sie es zu tun haben.«

»Apropos Polizei, wenn Sie die Karten am Stadion verkaufen, haben Sie da keine Angst, verhaftet zu werden?« fragt Cazzaniga.

»Die Polizei und die Steuerbehörden sind unsere Verbündeten. Oft lassen sogar wir selbst sie holen.«

»Ihr ruft die Polizei?!«

»Ja«, bestätigt *der Student* und beginnt sich zu ereifern. »Weil unsere wahren Feinde nicht die Polizisten sind, sondern die Fälscher und die *Azzeccatori*. Die Fälscher, weil sie gefälschte Karten verkaufen und damit dem *Bagarino* das Image versauen, und die *Azzeccatori* aus ähnlichen Gründen. Das sind alles Leute, die uns beim Publikum in Verruf bringen. Deshalb rufen wir, sobald wir einen von ihnen entdecken, die Polizei und lassen ihn verhaften.«

»Ich verstehe... aber die *Azzeccatori*, was sind das eigentlich für Leute«, fragt Cazzaniga, der jetzt von dem *Bagarino* fasziniert ist und die Arbeit völlig vergessen hat.

»Die *Azzeccatori* sind sehr geschickte Leute, die sich gleich hinter den Eingangstoren postieren: Sie lassen sich von den Zuschauern die zerrissene Eintrittskarte geben, sammeln die andere Hälfte vom Boden auf, kleben die zwei Teile schnell wieder zusammen und verkaufen die wiederhergestellte Karte draußen vor dem Tor.«

Die Pförtnerloge in der Via Petrarca. Anwesend sind Bellavista, Saverio, Salvatore und der Anwalt Capuozzo.

»Erinnern Sie sich an den Maradona-Doppelgänger, Professore?« fragt Saverio.

»Ja«, erwidert Bellavista. »Hat man ihn erwischt?«

»Nein, er hat jetzt den Beruf gewechselt: Er organisiert die Busfahrten für die *Tifosi* zu den Auswärtsspielen ihrer Mannschaft. Gestern abend habe ich ihn in der Stadt getroffen, in der *Galleria*. Er hat mir sein Angebot für das nächste Spiel vom Calcio Napoli, in Florenz, in die Hand gedrückt. Da, schauen Sie!«

Bellavista nimmt Saverio den Zettel aus der Hand und liest laut:

FIORENTINA-NAPOLI
mit den
MARADONA BROTHERS

49 500 Lire – im Preis enthalten:
– Eintrittskarte Kurvenplatz
– Hin- und Rückfahrt im Luxusreisebus
– Lunchpaket mit:
1 Makkaronipastete
2 Reiskroketten
1 Brötchen
1 Apfel
½ Bier Peroni
1 Kaffee Borghetti

Während der Fahrt wird eine
Schachtel MARLBORO verlost

»Die neuen Barbarenhorden!« kommentiert mit angewiderter Miene der Anwalt Capuozzo.

»Professore, was sagen Sie dazu?« fragt Saverio. »Wenn wir nun einen Ausflug nach Florenz machen würden?«

»Saverio«, entgegnet der Professor mit einem Lächeln,

»ich gestehe, daß mich die Sache sehr reizt, und sei es nur, um an der Verlosung der Schachtel Marlboro teilzunehmen.«

»Dann kommen Sie doch einfach mit uns mit«, ermuntert ihn Salvatore. »Ich hab bereits bezahlt.«

»Und ich nehm meinen Onkel Nicola mit«, fügt Saverio an. »Dafür krieg ich, wenn Napoli gewinnt, vom Fanclub ›Vomero Vecchio‹ das Geld für die Fahrt zurück.«

»Ich versteh nicht, warum sie dir das Geld zurückgeben sollten«, meint Bellavista.

»Weil ich Onkel Nicola mitschleppe.«

»Und wer ist dieser Onkel Nicola?«

»Das ist eine lange Geschichte«, beginnt Saverio zu erzählen. »Ihr müßt wissen, daß mein Onkel als Glücksbringer für unsere Mannschaft bekannt ist. Es ist erwiesen, daß jedes Mal, wenn mein Onkel pinkelt, Napoli ein Tor schießt.«

»Na ja, das wird Zufall sein«, ruft Bellavista voller Skepsis aus.

»Nein, Professore, das ist kein Zufall!« widerspricht ihm Salvatore. »Das ist was Wissenschaftliches: Es heißt ›Telekinese‹!«

»Natürlich, höchst wissenschaftlich!« mischt sich Capuozzo mit ironischem Tonfall ein, mit dem er seine ganze Verachtung für die neapolitanische Fußballfolklore zum Ausdruck bringt. »Demnächst werden wir Urinproben von Saverios Onkel analysieren!«

»Von Fußball haben Sie noch nie Ahnung gehabt, Avvocato!« entgegnet ihm Saverio.

»Und ich bin stolz darauf!« erklärt Capuozzo.

»Sagen Sie, was Sie wollen, aber daß die Sache mit Onkel Nicola funktioniert, hat sich schon viele Male gezeigt«, versichert Saverio ernsthaft. »Zum ersten Mal 1970, während der Weltmeisterschaft in Mexiko, wißt ihr noch? Tolle Sache, das Spiel Italien gegen Schweden hatte gerade angefangen, als Onkel Nicola mal austreten mußte. Und kaum hatte er gepinkelt, da schießt Domenghini ein Tor. Damals ist uns das noch gar nicht aufgefallen. Ich erinnere mich nur, daß ich gesagt hab: ›Onkel Nicola, eben hast du was verpaßt: während du auf dem Klo warst, hat Italien ein Tor geschossen!‹«

»Und natürlich verdanken wir das Tor Onkel Nicola und nicht Domenghini«, bemerkt, mit derselben Ironie wie zuvor, der Anwalt Capuozzo.

»Und dann beim Spiel Italien – Mexiko ist es wieder passiert«, fährt Saverio fort, nachdem er Capuozzo einen vernichtenden Blick zugeworfen hat. »Es war in der 63. Minute, ich werde es nie vergessen. Diesmal hab ich gesagt: ›Onkel Nicola, geh pinkeln, mal sehen, ob Italien jetzt auch wieder an den Ball kommt und ein Tor schießt.‹ Und tatsächlich... Ihr werdet's nicht glauben: Aber sowie Onkel Nicola aufs Klo verschwunden ist, schießt Riva ein Tor. Da ging alles drunter und drüber! Wir sind Onkel Nicola um den Hals gefallen, während er noch am Pinkeln war. Und dann die berühmte Nacht mit dem Spiel Italien – Deutschland.«

»Da war ich auch dabei. Das kann ich bezeugen«, beteuert Salvatore und hebt eine Hand wie zum Schwur.

»Wir hatten Onkel Nicola gezwungen, den ganzen Nachmittag zu schlafen, weil wir Angst hatten, daß er uns während des Spiels einschläft. Als der Schiedsrichter den Ball zum Anstoß hochwirft, hab ich Onkel Nicola grünes Licht gegeben. Der war schon eine halbe Stunde am Herumjammern, daß er mal muß, und tatsächlich, der Beweis hat geklappt, Onkel Nicola war noch nicht wieder aus dem Klo raus, und schon hatte Boninsegna ins deutsche Tor getroffen: Spielstand eins zu null. Aber jetzt haben die Deutschen mächtig in unseren Strafraum gedrängt, wie die Belagerung von Fort Apache, Schüsse bald von links, bald von rechts, Albertosi hat nicht mehr gewußt, wo er zuerst abwehren sollte. Ich hab mit einem Auge am Fernseher, mit dem anderen an meiner Uhr gehangen. Es sah schon so aus, als hätten wir's geschafft, da taucht in der letzten Minute Schnellinger, dieser Mistkerl, vor unserem Tor auf und schießt den Ausgleich. Eins zu eins.

Jetzt geht's in die Verlängerung. Der Buchhalter Cantarelli, der damals, trotz seiner zwei Herzinfarkte noch am Leben war, hat gemeint: ›Da ist nichts mehr zu machen, das ist die Niederlage!‹ ›Ach was‹, hab ich gesagt, ›wir dürfen nicht aufgeben!‹ Unterdessen hat Onkel Nicola Zeit gehabt, wieder nachzuladen. Wir haben ihn zwei Flaschen Mineralwasser trinken lassen. Außerdem waren inzwischen auch fast zwei Stunden vergangen. Da haben wir ihm befohlen, aufs Klo zu gehen. Onkel Nicola steht auf, Facchetti fängt einen Paß ab, Onkel Nicola macht die Toilettentür auf, Rivera zu Domenghini, Onkel Nicola hebt den Klodeckel, Domenghini zu Burgnich, Onkel Nicola pinkelt, Burgnich schießt – und Tor!«

Stürmischer Applaus unterbricht Saverios Spielbericht. Auch Bellavista mußte seiner Begeisterung Ausdruck verleihen. Immer mehr Freunde und Neugierige drängen in die Pförtnerloge.

»Eine Schande ist das!« bemerkt Capuozzo, den allerdings niemand beachtet, lapidar.

»Aber das Spiel ist noch nicht zu Ende«, fährt Saverio strahlend fort. »Riva schießt noch ein Tor, und wir gehen drei zu zwei in Führung. Wir wollten schon auf den italienischen Sieg anstoßen, da gleicht Müller, der Hund, für Deutschland aus. Drei zu drei. Allgemeine Mutlosigkeit macht sich breit, der Buchhalter Cantarelli wird ohnmächtig, Salvatore und ich schleppen Onkel Nicola gewaltsam aufs Klo. Der arme Kerl hat sich mit aller Kraft dagegen gewehrt und immer wieder gesagt: ›Es hat keinen Zweck, ihr verschwendet nur eure Zeit, ich kann jetzt nicht mehr.‹ Und wir darauf: ›Los, Onkel Nicola, streng dich an, nur einen Tropfen.‹ Einer hat den Wasserhahn aufgedreht, damit er das Rauschen hörte,und ein anderer hat ihm ›Pss, pss, pss, pss‹ ins Ohr gezischt. Bis er schließlich tatsächlich einen dünnen Strahl herausgedrückt hat. Boninsegna zu Rivera und Rivera: TOR! Italien – Deutschland vier zu drei.«

Der Reisebus der Maradona-Brothers ist alles andere als ein Luxusgefährt, eher ein Überbleibsel aus dem Krieg, einer von diesen blauen Bussen mit Plastiksitzen, der aller Wahrscheinlichkeit nach ein Leben lang zwischen Neapel und irgendeinem abgelegenen Dorf im neapolitanischen Hinterland hin- und hergependelt ist. Dafür, so geht das Gerücht, soll aber das Lunchpaket hervorragend sein; es scheint von der Signora Sorrentino, der Mutter der bereits erwähnten Brüder Sorrentino, persönlich zusammengestellt worden sein, und sie ist als Köchin berühmt für ihre Makkaronipasteten.

Zur allgemeinen Überraschung nimmt der Bus nicht die Autostrada del Sole, sondern fährt auf der Via Appia in Richtung Cassino.

»Keine Sorge«, erklärt der ältere der Brüder Sorrentino, »heute ist Sonntag, da ist das erste Stück Autobahn nach Norden immer überfüllt. Wir bleiben bis Capua auf der Via Appia, und dann ab auf die Autostrada del Sole.« Dann, an den Fahrer gewandt: *»Vamos, muchacho, vamos.«*

Offensichtlich trauert Pasquale Sorrentino noch ein wenig seiner früheren Tätigkeit als Manager von Maradona nach.

Professor Bellavista, der darauf erpicht ist, Informationen aus erster Hand über das Phänomen Onkel Nicola zu erhalten, hat sich gleich auf den Platz neben den Glücksbringer, den *Goleador*, gesetzt. Die ersten Kilometer döst der Alte, vom Bus durchgerüttelt, vor sich hin, dann wacht er plötzlich auf und erkundigt sich, weil er den Grund für die Reise schon wieder vergessen hat, bei seinem Neffen:

»Savè, Savè, wohin fahren wir?«

»Wir fahren nach Florenz, Onkel, das Spiel anschauen.«

»Welches Spiel?« fragt Onkel Nicola verständnislos zurück.

»Na, Fiorentina – Napoli.«

»Jesus Christus! Und wir müssen bis nach Florenz fahren, um das Spiel zu sehen? Können wir es uns nicht im Fernsehen anschauen?«

»Nein, Onkel, es wird nicht im Fernsehen übertragen.«

»Don Nicola«, wendet sich Professor Bellavista an den Alten, »sind Sie denn ein begeisterter Anhänger des Calcio Napoli?«

»Ach was, der Calcio Napoli interessiert mich einen feuchten Dreck!« entgegnet ihm Onkel Nicola energisch, dann lehnt er sich zu dem Professor hinüber und fragt, nachdem er sich mißtrauisch umgeguckt hat, leise: »Sind Sie etwa Journalist?«

»Nein.«

»Dann müssen Sie schreiben«, flüstert ihm Onkel Nicola weiter zu, »daß mein Leben an den Sonntagen zur Hölle geworden ist: Sie lassen mich einmal um sieben Uhr pinkeln, gleich nach dem Aufstehen, dann noch mal gegen elf, und danach nicht mehr. Die verdammten Schweinehunde sperren einfach das Klo ab. Und wenn ich platze, die erlauben mir nicht, auch nur einen Tropfen Wasser zu lassen, bevor das Spiel anfängt, und manchmal lassen sie mich sogar nach dem Anstoß noch warten.«

»Und warum das?« fragt Bellavista, gleichfalls im Flüsterton.

»Na ja, wann es so weit ist, entscheidet der Trainer«, antwortet der Alte und macht dabei eine Kopfbewegung hinüber zu einem rothaarigen Napoli-Fan.

»Ist doch logisch, daß das ein Fachmann entscheiden muß!« meint dieser. »Ich kann schließlich nicht zu einem Zeitpunkt, wo unsere Mannschaft überhaupt nicht angreift, eine Patrone ins Leere verschießen. Die Situation muß für ein Tor reif sein!«

»Und wie soll das in Florenz ablaufen?«

»Wir haben alles, was wir brauchen, dabei«, meint der Trainer mit einem Blick auf eine große Schachtel ganz hinten im Bus.

Der fährt auf einmal langsamer und hält dann an, ganz, als sei das Benzin alle. Der Fahrer bemüht sich, den Motor wieder anzulassen, doch alle Bemühungen erweisen sich als fruchtlos. Das Fahrzeug steht an einer kaum befahrenen Landstraße am Rand von Casaluce, einem Dorf in der Nähe von Aversa. Nach einem kurz abschätzenden Blick auf den qualmenden Motor macht sich der Ex-Maradona auf den Weg ins Dorf, um einen Automechaniker zu suchen. Die Zeit vergeht, und alle schauen besorgt auf die Uhr. Von dem Ex-Maradona ist nichts zu sehen. Unter den Tifosi beginnt sich eine gewisse Nervosität breitzumachen. Es wird immer unwahrscheinlicher, daß man es noch bis nach Florenz schafft. Dann kommt der angebliche Argentinier niedergeschlagen zurück: Heute ist Sonntag, er hat keine offene Werkstatt gefunden. Irgendjemand spricht davon, daß er sein Geld zurückhaben will, doch schon bei der kleinsten Andeutung in dieser Richtung setzen die Sorrentinos eine Leichenbittermiene auf. Da schlägt Bellavista eine Kompromißlösung vor: Rückerstattung des halben Fahrpreises und eine Mahlzeit am Ort. Und schließlich haben die Reisenden auch noch Glück im Unglück: Der Bus ist genau vor einem Fernfahrerlokal, der Trattoria »L'Oasi« stehengeblieben.

Alle steigen aus. Der ältere der Brüder Sorrentino verhandelt mit dem Inhaber der Trattoria darüber, ob man nur die Tische benutzen kann, da die Gruppe ihre eigene Verpflegung dabei hat. Schließlich einigen sie sich darauf, daß nur der Wein im Lokal bestellt werden muß, und nachdem einer entdeckt hat, daß es einen hervorragenden Gragnano frisch aus dem Keller gibt, wird das auch gleich gemacht. Dann teilt der Inhaber der Trattoria seinen Gästen mit, daß er einen Übersee-Empfänger hat, mit dem sie das ganze Spiel direkt verfolgen können. Ob es nun am Gragnano liegt, an den Pasteten der Signora Sorrentino oder einfach an der allgemeinen Müdigkeit, jedenfalls finden sich nach und nach alle mit der Änderung des Programms ab.

Zu Beginn des Spiels greift zunächst die Fiorentina ein. Die Gruppe hält jedesmal den Atem an, wenn sich der Ball dem

Tor von Castellini nähert. Schließlich hebt Onkel Nicola die Hand, um anzudeuten, daß er bereit ist, daß er jederzeit losschlagen kann, doch der Trainer hält den richtigen Zeitpunkt noch nicht für gekommen. Einige der Zuhörer würden am liebsten sofort in Führung gehen. Es beginnt eine hitzige Auseinandersetzung zwischen denen, die den Trumpf Onkel Nicola sofort ausspielen wollen und den anderen, die ihn lieber noch in der Hinterhand behalten würden. Plötzlich dringt durch das Stimmengewirr der Ruf:

»Keiner verläßt den Raum: Sie sind alle verhaftet!«

Es ist die Stimme des Kommissars Di Domenico, dem es zusammen mit seinem Gehilfen Colapietro nun endlich gelungen ist, die beiden Sorrentinos zu schnappen.

Alle erheben sich, der eine oder andere protestiert, versucht, die Maradona Brothers zu verteidigen, doch Di Domenico läßt sich nicht beeindrucken.

»Ich hab's Ihnen neulich schon gesagt, Professore: Wenn's nach mir ginge, ließe ich sie laufen, aber sie haben's ein bißchen zu weit getrieben«, schnaubt der Kommissar und wischt sich dabei mit einem himmelblauen Taschentuch den Schweiß von der Stirn. »Das ist nun dieses Jahr schon das dritte Mal, daß sie eine Reise organisieren und sie dann platzen lassen, und jedesmal bleibt der Bus vor der gleichen Trattoria stehen.«

Nach dieser Enthüllung ändert sich die Einstellung der Gruppe zu den Sorrentinos schlagartig: Alle wollen auf der Stelle ihr Geld zurück. Das allgemeine Durcheinander nutzt Onkel Nicola, um aufs Klo zu verschwinden, und kaum hat er seine Notdurft verrichtet, da berichtet der Reporter im Radio, daß Napoli in Führung gegangen ist: Maradona hat ein Tor geschossen!

Allgemeiner Jubel. Alle umarmen sich. Onkel Nicola, *'o Goleador*, wird im Triumphzug durch den Raum getragen. Vergeblich erkundigt sich der Kommissar, wer das Tor geschossen hat. Colapietro wirft seine Dienstmütze in die

Luft, wie er es in amerikanischen Filmen gesehen hat. Der Inhaber der Trattoria spendiert allen Anwesenden ein Glas Gragnano. Doch als man gerade anstoßen will, bemerkt Di Domenico, daß die Brüder Sorrentino nicht mehr da sind. Er geht nach draußen und stellt fest, daß auch der Bus verschwunden ist.

»Colapietro, schnell!« brüllt der Kommissar und stürzt zum Auto. »Nichts wie hinterher!«

»Commissario, erlauben Sie, nur ein Wort«, ruft ihm der Inhaber der Trattoria hinterher. »Verderben wir uns doch nicht diesen schönen Tag: Lassen Sie sie laufen! Das ist die letzte Fahrt, die sie organisiert haben. Von morgen ab geht Vincenzo Sorrentino einer anständigen Arbeit nach: Der Calcio Napoli stellt ihn als Maradona-Double an. Er soll die Tifosi, die nach jedem Training am Ausgang warten, ablenken.«

Nichts als Ärger mit den Mietern

»*Uè, uè, uè, uè*...« kreischt eine Bande von Straßenjungen, die dem Anwalt Capuozzo in ein paar Metern Abstand folgen.

Der bedauernswerte Mann geht weiter, als würde er sie überhaupt nicht bemerken, doch die kleinen Gauner lassen nicht locker: Sie passen ihr höhnisches *uè* genau seinem Schritt an und erzeugen gleichzeitig ein furzähnliches Geräusch, indem sie eine Hand unter die nackte Achselhöhle drücken. Dieses eigentümliche kleine Geräuschkonzert ist in Neapel als »japanische Musik« bekannt und unter den Kindern aus dem einfachen Volk sehr populär. Für diejenigen, die sich für die neapolitanische Folklore näher interessieren, sei hier etwas genauer erläutert, wie man den Achselfurz erzeugt: Man legt eine Hand in die Achselhöhle und hebt und senkt den Arm rhythmisch, so daß die zwischen der Handfläche und dem Körper eingeschlossene Luft komprimiert wird.

Dem Anschein nach berührt es Capuozzo überhaupt nicht, daß man sich über ihn lustig macht. In Wirklichkeit aber bebt er vor Wut, doch um dem Pack nicht auch noch eine Freude zu machen, tut er, als sei er völlig in Gedanken versunken.

»*Uè, uè, uè, uè, uè*«, bedrängen ihn, aus immer geringerer Entfernung, die kleinen Quälgeister: Bei jedem seiner Schritte ertönt ein *uè* und ein Achselfurz.

Der Anwalt hält einen Augenblick an, als wolle er umkehren, dann geht er weiter, verlangsamt den Schritt ein wenig, um ihn gleich darauf wieder zu beschleunigen und auf diese

Weise dem wilden Rhythmus der *uè* zu entgehen, doch die Kinder beweisen ein teuflisches Geschick, und das überraschende Stehenbleiben des Anwalts ruft lediglich eine noch längere Serie von Achselfürzen hervor.

»Uè, uè, uè, uè, uè!«

Don Ferdinando, der Ersatzhausmeister, sitzt wie gewöhnlich vor dem Eingangstor, verfolgt die Szene und droht den kleinen Missetätern.

»Wollt ihr wohl endlich aufhören? Ihr bringt mich noch mal so weit, daß ich aufstehe und euch alle totschlage!«

Dem Anwalt Capuozzo ist klar, daß er nicht auf die Hilfe des Ersatzhausmeisters zählen kann und daß die einzige Möglichkeit, sich der Hänselei der Bande zu entziehen, darin besteht, in der Pförtnerloge Zuflucht zu suchen. Die Kinder setzen ihr Konzert noch eine Weile vor dem Eingangstor fort.

»Hört ihr das?« fragt Capuozzo die Anwesenden. »Und wißt ihr, was daran schuld ist? Die Mietgesetze!«

»Aber Avvocato«, entgegnet Salvatore. »Was hat denn das mit den Mietgesetzen zu tun? Wenn die Jungs sich über Sie lustig machen, dann doch bloß, weil Sie ihnen ein bißchen merkwürdig vorkommen: Was sollen die denn von den Mietgesetzen wissen? Das sind doch unschuldige Kinder!«

»Ja, ja: unschuldige Kinder!« ruft Capuozzo aus. »Salvatò: Wenn die Bengel sich über mich lustig machen, dann allein deshalb, weil die Regierung uns Vermieter zu Marionetten degradiert hat. Früher war das anders: Da war der Vermieter der Schrecken des ganzen Viertels. Wenn er sein Mietshaus betrat, sind die Leute davongerannt und haben einander zugerufen: ›Schnell weg, unser Vermieter kommt!‹ Manche Mieter haben sich sogar das Gesicht angemalt, damit man sie nicht erkennen konnte. Heute ist das ganz anders: Da hat man außer dem Schaden auch noch den Spott – selbst die Kinder machen sich über einen lustig! Hört ihr sie? Und das sind dann die Mieter von morgen!«

»Eines hab ich nicht verstanden, Avvocato«, unterbricht ihn Bellavista. »Beklagen Sie sich, weil Ihre Mieter es an Respekt fehlen lassen oder weil die gesetzlich festgelegte Miete zu niedrig ist?«

»Aus beiden Gründen, Professore, auch weil das eine aus dem anderen folgt. Heute früh bin ich zu einem meiner Mieter gegangen, einem gewissen Luigi Improta, er hat eine Schusterwerkstatt in der Via Sergente Maggiore. Angesichts der Tatsache, daß wir bereits den Fünfzehnten schreiben, und er also mit der Miete schon zwei Wochen in Verzug ist, hab ich ihn freundlich um Begleichung seiner Mietschuld gebeten; und glauben Sie, er hätte mir geantwortet?... Nichts, kein Wort, als ob ich überhaupt nichts gesagt hätte! Er hat nicht mal den Versuch gemacht, sich zu entschuldigen, was weiß ich, vielleicht mit seiner Vergeßlichkeit, sondern hat sich nur an seinen Bruder gewandt und zu ihm gesagt: ›Gennarì, hast du ein paar Kröten für Capuozzo da?‹ Genau das hat er gesagt: ›Ein paar Kröten für Capuozzo‹, als ob ich ein armer Hund wäre, der ihn um ein Almosen bittet. Und ich mußte das alles auch noch schweigend hinnehmen. Was hätte ich schließlich auch sagen sollen? Er hat ja recht. Sechzigtausend Lire im Monat für einen Eckladen in der Via Sergente Maggiore sind nicht mehr als ein Almosen! Nun könnte einer sagen, Geschäftsräume kann man schließlich kündigen, warum schmeißt du ihn nicht raus? Und wie soll ich das anstellen? Der beweist mir, daß das Soutterain kein Laden ist, sondern seine Wohnung. Aber wie kann es denn seine Wohnung sein, wo die Stadtverwaltung doch außen am Haus ein Schild mit der Aufschrift ›Soutterain, nicht als Wohnraum geeignet‹ angebracht hat? Das Schild ist dem scheißegal, er wohnt trotzdem drin. Und wenn man mich fragt: Aber du hast doch gesagt, er ist Handwerker, er repariert Schuhe? Dann kann ich nur sagen: Das ist zwar richtig, aber er behauptet, es wär nur sein Hobby. Seht ihr jetzt, wie weit es schon gekommen ist? Ein verlauster Analphabet, den bis gestern noch alle ›Schweinshaxe‹ gerufen haben, benutzt jetzt schon das Wort ›Hobby‹! Der jüngere Bruder hat dann die sechzigtausend Lire, in lauter kleinen, verschmierten Scheinen aus der Hosentasche gezogen und sie mir, einen Schein nach dem anderen, wie ein Almosen in die Hand gedrückt!«

»Wieviele Souterrains und wieviele Häuser gehören Ihnen eigentlich in ganz Neapel, Avvocato?« fragt Salvatore neugierig.

»Was hat denn das mit der Respektlosigkeit der Mieter zu tun?« erwidert Capuozzo sichtlich gereizt.

»Ich frag nur so, aus Interesse«, beruhigt ihn Salvatore. »Denn wenn Sie wirklich so viele Häuser haben, wie man sagt, auch wenn's nur Wohnungen mit Mietbindung sind, dann müssen Sie jeden Monat so einen Haufen Geld einnehmen, daß Sie gar nicht wissen, wohin damit. Und, wenn ich mich nicht irre, sind Sie auch noch Junggeselle. Sie haben also keine Familie zu versorgen!«

»Was ist denn das für ein blödes Gerede?!« wehrt sich Capuozzo, dessen Gesicht mittlerweile rot angelaufen ist. »Wieviele Häuser haben Sie? Wieviel Geld nehmen Sie jeden Monat ein? Sind Sie Junggeselle oder nicht? Das sind, wenn Sie gestatten, immer noch meine Privatangelegenheiten!«

»Wir leben schließlich in einer Demokratie, da wird man doch ein paar Fragen stellen dürfen. Was ist denn schon dabei? Ich hab doch nur aus Neugier gefragt und nicht, weil ich eine Steuerermittlung durchführen will«, rechtfertigt sich Salvatore.

»Salvatò«, entgegnet der Anwalt, »du verwechselst Demokratie mit schlechter Kinderstube!«

»Regen Sie sich bloß nicht auf, Avvocato«, versucht ihn Saverio zu besänftigen. »Sie wissen doch, wie Salvatore ist: Der hat schon immer mit den Kommunisten geliebäugelt. Er ist überzeugt, daß Eigentum Diebstahl ist, und da Ihnen so viel gehört...«

»Und hab ich das vielleicht einem von euch gestohlen?«

empört sich Capuozzo. »Wenn ich ein paar Wohnungen besitze, dann doch nur deshalb, weil meine Vorfahren, anders als eure, über Generationen hinweg hart gearbeitet und sich so ein Vermögen geschaffen haben.«

»Und dann sind Sie gekommen und geblieben«, merkt Salvatore arglos an.

»Was meinst du mit ›und geblieben‹?« will Capuozzo wissen. »Ich bin nicht als Rechtsanwalt bei Gericht tätig, aber ich arbeite trotzdem von morgens bis abends und verwalte meinen Besitz, Gott allein weiß, wieviel Schweiß ich vergieße und wieviel Haß ich ertragen muß!«

»Sie erregen sich zu schnell, Avvocato«, bemerkt Bellavista. »Wie wir alle wissen, ist Salvatore überzeugter Marxist, und Karl Marx hat einmal gesagt, daß hinter jedem Vermögen als Stammvater ein Gauner steckt.«

Mit den Worten: »Jetzt reicht's, ich gehe!« steht Capuozzo abrupt auf und wendet sich der Glastür zu. »Wenn sogar ein gebildeter Mensch wie der Professor Bellavista sich von der Demagogie mitreißen läßt, dann sag ich besser nichts mehr. Mich wundert nur, wie hier, während doch sogar die Russen und die Chinesen gemerkt haben, daß der Kommunismus in einer Krise steckt, ja, daß es bei ihnen eher rückwärts als vorwärts geht, wie hier in diesem Haus trotzdem noch immer dieselben Reden gehalten werden wie 1968.«

»Professore«, fragt Salvatore ehrlich besorgt, »stimmt das, was Capuozzo sagt: daß sogar in Rußland der Kommunismus in einer Krise steckt?«

»Alle großen Wirtschaftssysteme stecken in einer Krise«, erklärt Bellavista. »Sowohl der Kommunismus als auch der Kapitalismus. Das Problem, vor dem wir heute stehen, ist, einen Mittelweg zwischen diesen beiden Systemen zu finden.«

»Ich habe eine Frage, Professore«, mischt sich Saverio ein. »Der Kommunismus stammt doch von Karl Marx, und wer hat den Kapitalismus erfunden?«

»Nun, wenn man unbedingt einen Urvater des Kapitalimus finden will, könnte man Adam Smith anführen, einen schottischen Gentleman, der vor zweihundert Jahren gelebt hat. Er ist der Autor eines Buches mit dem Titel: *Untersuchung über die Natur und die Ursachen des Reichtums der Völker*. Aber, ehrlich gesagt, fürchte ich, daß der Kapitalismus von allein entstanden ist und daß Smith lediglich seine Entwicklung beschrieben hat. Damit wir uns richtig verstehen, Smith sieht die Sache so: Je mehr der Mensch arbeitet, umso mehr Reichtum produziert er. Und all das, was der Mensch produziert und nicht selber verbraucht, wird Reichtum für seine Nation. Das Problem besteht darin, den Menschen dazu zu veranlassen, mehr zu arbeiten, als er es für den eigenen Bedarf müßte.«

»Auch der Kommunismus sagt, daß der Reichtum in der Arbeit begründet ist«, wendet Salvatore ein. »Nur daß die Arbeiter fast nie was davon abkriegen.«

»Ja, aber Smith argumentiert bei weitem subtiler«, fährt Bellavista fort. »Folgen wir noch einen Moment seinen Gedankengängen: Wenn wir den Menschen dazu bringen wollen, mehr zu arbeiten als eigentlich nötig, mehr zu produzieren, als er selbst verbrauchen kann, dann müssen wir uns seines Bestrebens, den anderen überlegen zu sein, bedienen. Smith sagt dem Menschen: Wenn du viel arbeitest, gebe ich dir dafür viele Stückchen Papier mit der Aufschrift 1 Pfund Sterling, 100 Pfund Sterling oder 1000 Pfund Sterling, und du wirst umso glücklicher sein, je mehr Geld du zur Seite legen kannst. Der Kapitalismus baut also auf den Egoismus des Menschen und auf seine Raffgier.«

»Das find ich nicht besonders toll«, merkt Salvatore an.

»Karl Marx dagegen«, erklärt der Professor weiter, »hat, nachdem er von einem gewissen Jean-Jacques Rousseau erfahren hatte, daß der Mensch von Natur aus gut sei, beschlossen, sich ganz auf die menschliche Güte zu stützen. Anders gesagt ist das so, als hätte er dem Menschen erklärt:

Du arbeitest für das Wohl der Allgemeinheit, und alles, was du produziert hast, wird zu gleichen Teilen unter den Angehörigen deiner Nation aufgeteilt. Siebzig Jahre nach dem Beginn des ersten kommunistischen Experiments haben wir uns das Ergebnis angesehen und festgestellt, daß der Kapitalismus das Wesen des Menschen besser verstanden hat als der Kommunismus: Der Mensch ist nicht so gut, wie Rousseau gedacht hat. In den Ländern, wo er für seine Arbeit bares Geld bekommt, arbeitet er wie ein Verrückter, dort, wo er lediglich ein staatlicher Angestellter ist, drückt er sich, wo er nur kann.«

»Also hab ich gewonnen«, ruft Saverio triumphierend aus. »Der Kapitalismus ist besser!«

»Nur nicht so schnell: Untersuchen wir das Problem mal etwas genauer«, erwidert Bellavista. »Als Folge der Tatsache, daß er auf den Egoismus und die Konkurrenz setzt, hat der Kapitalismus schließlich das Geld als anzustrebendes Ziel und nicht mehr nur als Mittel für den Erwerb von Gütern betrachtet. Und so haben die Menschen, die die Pflänzchen ihres Egoismus Tag für Tag sorgfältig gehegt haben, diese schließlich zu einem tödlichen Dschungel heranwachsen lassen. Auf dem Altar des Gottes Geld wurden die schlimmsten Untaten vollbracht. Die Jagd nach der Macht hat zu einem Verfall der Moral geführt, und ich denke da nicht nur an Schwerverbrecher wie die Mafiosi, sondern auch an den Chirurgen, der einen Kaiserschnitt vornimmt, obwohl der im Grunde gar nicht nötig wäre, an den Finanzbeamten, der sich bestechen läßt, an den Bauern, der seinen Wald anzündet, um ihn in Weideland zu verwandeln und so weiter...«

»Na, was hab ich gesagt, dann ist der Kommunismus doch besser«, brüstet sich Salvatore.

»Vorsicht!« bremst ihn Bellavista. »Schauen wir erst mal, was auf der anderen Seite passiert ist. Nach Marx kam Lenin, und nach Lenin dann Stalin. Und dieser Stalin scheint etwas weniger idealistisch gewesen zu sein als sein Vorgänger, sagen wir mal, er ist etwas grob mit den Leuten umgesprungen. Als er gemerkt hat, daß die Landwirtschaft weniger Ertrag brachte, als er erwartet hatte, hat er den Bauern zu sich bestellt und zu ihm gesagt: Mein Junge, wenn du nicht aus Liebe zu deinem Nächsten arbeiten willst, dann werd ich dich halt dazu zwingen, es zu tun. Das Ergebnis ist vielleicht etwas mehr Gleichheit, sicher weniger Freiheit.«

»Wenn ich richtig verstanden habe, sind Sie also weder Kapitalist noch Marxist«, faßt Saverio zusammen.

»Genau.«

»Und was sind Sie dann?«

»Ich könnte mich vielleicht als optimistischen Popperianer bezeichnen.«

»Mamma mia!« ruft Salvatore aus. »Was ist denn das nun wieder: eine neue politische Partei?«

»Nein, nein«, erwidert Bellavista. »Das ist einfach eine Art zu denken, die auf den Theorien eines großen Philosophen, des Österreichers Karl Popper, basiert.«

»Professore, wenn die Theorien kompliziert sind, versuchen Sie erst gar nicht, sie uns zu erklären. Wir glauben Ihnen auch so«, sagt Saverio. »Wenn Sie aber meinen, wir könnten sie verstehen, dann erzählen Sie nur, mir gefällt der Gedanke, daß eines Tages auch ich erklären könnte: Ich bin Popperianer!«

»Popper ist davon überzeugt, daß man aus Fehlern lernen kann«, fährt Bellavista fort und beginnt sich jetzt zu ereifern. »Denn auch ein Fehler, wenn er von einem Menschen guten Willens untersucht wird, ist ein Schritt nach vorn auf der Straße der Wahrheit. Popper sagt: Mißtraut allen, die euch das Glück als Endziel vorgeben, und folgt denen, die euch kleine, Schritt für Schritt zu erreichende Verbesserungen in Aussicht stellen.«

»Nicht, daß ich Ihnen widersprechen wollte, Professore«, wendet Salvatore ein, »um Gottes willen, aber für mich sind das nichts als schöne Worte: Was schlägt dieser Popper denn an praktischen Maßnahmen vor, um die Lage, in der wir uns befinden, zu verbessern, um die Arbeitslosigkeit, die Kriminalität, die Gefahr eines Atomkriegs und was es da noch so gibt zu bekämpfen?«

»Popper glaubt an das Wort, oder genauer, an den Dialog zwischen den Menschen, die dazu bereit sind. Die Bereitschaft zum Dialog ist ein Grundgedanke, der zum Verständnis von Poppers Philosophie unerläßlich ist. Der alte Philosoph meint, damit man der Wahrheit näherkommt, muß jeder der Gesprächspartner bereit sein, seine eigenen Vorstellungen etwas zu korrigieren, wenn ein anderer ihm beweist, daß er unrecht hat.«

»Entschuldigen Sie, Professore«, ruft Saverio aus, »aber dieser Popper scheint mir nichts Besonderes zu sein. Es ist doch logisch, daß man seine Meinung ändert, wenn einem jemand anders beweist, daß man unrecht hat!«

»Das ist keineswegs immer der Fall: Fast jeder Mensch ist, wenn er mit anderen diskutiert, aufgrund eines Mangels an Vernunft völlig davon überzeugt, als einziger im Besitz der Wahrheit zu sein, und nimmt die Gegenargumente überhaupt nicht mehr zur Kenntnis. Ja, oft spitzt er die eigenen Vorstellungen sogar noch zu, um sich so weit wie möglich von seinem Gesprächspartner zu entfernen.«

»Schon gut, und was soll das Ganze?«

»Es soll uns dazu bringen, den Revolutionären zu mißtrauen und den Reformisten den Vorzug zu geben. Popper meint, der Kampf gegen die Armut müsse von der Regierung geführt werden, die Suche nach dem Glück hingegen müsse man der Privatinitiative überlassen. Anders gesagt, an der Spitze muß Sozialismus herrschen, an der Basis freies Unternehmertum.«

»Und wieso bezeichnen Sie sich als Optimisten?« will Saverio wissen.

»Weil ich überzeugt bin, daß die Welt mit jedem Tag besser wird.«

»Professore, jetzt sind Sie aber etwas übers Ziel hinausgeschossen!« ruft Salvatore aus. »Wo es hier von Erzgaunern nur so wimmelt, von Dieben, Mördern, Terroristen, da reden Sie davon, daß die Welt besser wird!«

»Es kommt uns nur deshalb so vor, als gäbe es heute so viele Verbrecher, weil wir mit Informationen darüber überschüttet werden«, erwidert der Professor. »Früher gab es noch viel mehr von den Kerlen, aber niemand hat davon erfahren. Stellt euch mal vor, daß noch vor ein paar Jahrhunderten jeder, der aus dem Haus ging, unbedingt sein Schwert mitnehmen mußte. Es ist doch klar, daß man heute dank der Zeitungen, dank dem Rundfunk und dem Fernsehen alles erfährt, was in der Welt an Bösem geschieht. Und dennoch, trotz allem, was man in den Zeitungen liest, behaupte ich, daß die Menschheit mit jedem Tag besser wird, und damit will ich sagen, daß die Durchschnittsqualität der menschlichen Rasse kontinuierlich ansteigt. Diese Feststellung ist äußerst wichtig, denn nur auf der Grundlage der Verbesserung der Bürger kann eine bessere Gesellschaft entstehen. Ein Beispiel: Nehmen wir einen korrupten und betrügerischen Menschen...«

»Don Carmine Silipo, meinen Vermieter«, schlägt Saverio vor.

»Nun, dieser Mensch wird auch nach einer eventuellen Revolution korrupt und betrügerisch sein.«

»Und was könnenn wir da machen?«

»Wir müssen auf langfristige Veränderungen hoffen«, erwidert Bellavista. »Popper vertritt die Ansicht, daß nur durch Reformen ein langsamer, aber sicherer Anstieg der Durchschnittsqualität zu erreichen ist. Aufgrund dieser Reformen wird der Sohn dieses korrupten Menschen sicher besser sein als der Vater.«

»Wenn Sie das sagen!« murmelt Salvatore nicht sehr überzeugt. »Ich hab nur Angst, daß wir, wenn wir diesen Popper wählen, keinen Stich machen. In der Politik darf man alles sein, Revolutionär, Reformist, alles, nur ein kleiner Haufen darf man nicht sein, sonst nutzt die Mehrheit die Gelegenheit und haut uns in die Pfanne: uns und unseren Popper!«

»Salvatore ist da«, meldet die Signora Cazzaniga.

»Er soll hereinkommen«, erwidert ihr Mann.

Es ist Samstagvormittag. Doktor Cazzaniga sitzt in seinem Arbeitszimmer über den Steuerformularen für November. Als leitender Angestellter bei Alfa Romeo bräuchte er zwar keine Steuererklärung für diesen Monat abzugeben, aber da er auch ein paar Wohnungen in Mailand besitzt, sieht er sich doch gezwungen, dies fristgerecht zu tun.

»Darf ich eintreten?« fragt Salvatore und steckt den Kopf zur Tür herein.

»Nur zu, danke, daß Sie gekommen sind«, erwidert Cazzaniga. »Ich hab Sie rufen lassen, weil Sie mir einen großen Gefallen tun könnten...«

»Ich stehe zur Ihrer Verfügung: Ihr Wunsch ist mir Befehl!«

»Nehmen Sie Platz.«

»Nein danke, Dottore, ich rede lieber im Stehen.«

»Also, wie ich bereits gesagt habe, Sie können etwas für mich tun. Mein Bruder Umberto ist zum Direktor der Niederlassung von IBM Italia in Neapel ernannt worden...«

»Allerherzlichsten Glückwunsch!«

»...und wird zum 1. Januar hierher, nach Neapel, versetzt. Nun, die Büros der IBM befinden sich in der Via Orazio, wir müssen unbedingt eine Wohnung dort in der Nähe für ihn finden.«

»Das wird nicht ganz einfach sein, Dottore«, erklärt ihm Salvatore, wie einer, der sich im Wohnungsmarkt auskennt. »Wenn uns nicht ein glücklicher Zufall hilft, finden wir am ganzen Hügel von Posillipo nicht ein einziges freies Loch.«

»Und wie könnte so ein glücklicher Zufall aussehen?«

»Es würde uns zum Beispiel helfen, wenn die Signora

Schilizzi endlich sterben würde. Wir alle warten nun schon fünf Monate darauf, vor allem ich und meine Frau Rachelina.«

»Wie bitte? Wie meinen Sie das?«

»Ich erklär's Ihnen: Die Signora Schilizzi, die arme Frau, ist unheilbar krank. Früher oder später muß sie sterben. Sie wohnt seit über zwanzig Jahren in diesem Haus: 2. Stock, Aufgang B, Altbauwohnung mit Mietpreisbindung. Die Signora hat ständig Streit mit ihrem Sohn. Sie ist geizig und hält ihn kurz. Einmal hat sie sich einen Farbfernseher gekauft. Ein fantastisches Gerät, wirklich, Dottore! 67 cm, 99 Kanäle und Kontrastscheibe! Ich hab dem Lieferanten geholfen, das Ding hochzutragen. Kaum hat Sasà uns mit der Kiste hereinkommen sehen, da ist er auch schon fuchsteufelswild geworden. ›Also hör mal‹, hat er seine Mutter angebrüllt, ›du kaufst dir einen neuen Fernseher, aber das Geld für einen Armani-Mantel für mich rückst du nicht raus!‹ Die Signora hat nur gemeint: ›Wenn dir der Fernseher nicht paßt, dann vererbe ich ihn eben dem Salvatore, wenn ich sterbe.‹ Und das ist der Grund, warum ich immer noch schwarz-weiß sehe. Der behandelnde Arzt hat gemeint, daß die Signora noch in diesem Jahr sterben müßte, gerade rechtzeitig für diese neue Fernsehshow, *Fantastico 6*.«

»Ach, so ist das«, meint Cazzaniga. »Nun, abgesehen davon, daß ich der Signora ein möglichst langes Leben wünsche, wäre da dann immer noch der Sohn.«

»Nein, der sagt andauernd, daß er sich in Neapel nicht wohlfühlt und daß er nach Mailand oder Turin ziehen will«, entgegnet Salvatore. Dann fügt er leiser, als vertraue er Cazzaniga ein Geheimnis an, hinzu: »Sie müssen wissen, daß Sasà ein bißchen homosexuell ist, und wir hier in Neapel haben nicht den geringsten Respekt vor diesen Typen: Für uns sind sie nur ›die Schwulen‹. Ja, und wenn der junge Mann das hört, ist er beleidigt und wird hysterisch. Droben im Norden bezeichnen sie die Schwulen als ›gay‹, und das ist ihm lieber.

Kurz und gut, wenn wir jetzt Sasà einen kleinen Geldbetrag anbieten, eine Anzahlung sozusagen, dann kauft er sich den Mantel von Armani, und wir lassen ihn eine Erklärung unterschreiben, in der er sich verpflichtet, aus der Wohnung auszuziehen, sobald seine Mutter stirbt.«

»Von dieser Idee halte ich überhaupt nichts«, empört sich Cazzaniga. »Und außerdem finde ich Ihren Vorschlag reichlich unmoralisch: hoffen, daß eine arme Frau möglichst bald stirbt! Und wenn sie's dann doch nicht tut?«

»Früher oder später muß sie einfach sterben. Es kann sich nur noch um Monate handeln. Im nächsten Jahr findet die Fußballweltmeisterschaft statt, und die muß ich unbedingt in Farbe sehen!«

»Nein, Salvatore, die Wohnung der Signora Schilizzi ist nichts für uns. Und außerdem, was sollte ich meinem Bruder sagen? Daß wir auf den Tod einer kranken alten Frau warten?!«

»Schon gut. Ich hab das vorgeschlagen, weil Sie dann demnächst beide im gleichen Haus wohnen könnten!«

»Danke, aber ich kann dazu nur eins sagen: Die Sache gefällt mir überhaupt nicht«, erwidert Cazzaniga. »Um Ihnen nur einen Grund zu nennen: Unter welchem Vorwand sollten wir denn bei der Signora erscheinen, um die Wohnung zu besichtigen?«

»Es gibt noch eine andere Möglichkeit.«

»Und zwar?«

»Den Baron Belisario.«

»Was ist mit dem?«

»Ich hab gehört, daß es ihm gelungen ist, einen Mieter wegen Mietrückstand an die Luft zu setzen. Das Haus ist nicht mehr ganz neu, aber es steht in einer noblen Gegend: am Hang unterhalb vom Arco Mirelli, fast an der Riviera di Chiaia, nicht einmal einen Kilometer von der IBM entfernt.«

»Dann verlieren wir keine Zeit: Rufen wir ihn gleich an.«

»Nein, es ist besser, wenn wir hingehen. Er wird merken,

daß Sie aus Mailand sind, und das macht sicher einen guten Eindruck auf ihn.«

»Und wo wohnt er?«

»Um diese Zeit ist der Baron im Ruderklub am Molosiglio und nimmt ein Sonnenbad auf der Terrasse. Wenn wir gleich hingehen, bietet er uns sogar einen Aperitif an.«

»Gut, aber ich hab heute mein Auto nicht dabei: Das hab ich zur Inspektion in Pomigliano gelassen.«

»Kein Problem«, meint Salvatore. »Wir nehmen den 140er bis nach Santa Lucia. Von dort sind wir in zwei Minuten am Ruderklub.«

Wie jeden Morgen, wenn schönes Wetter ist, liegt Emanuele Belisario, Baron von Airola und Altavilla, der von seinen Freunden »Bel Ami« genannt wird, auf der Terrasse des Ruderklubs in der Sonne und läßt sich von Cenzino, seinem Stammkellner, aus der Zeitung vorlesen. Im Glencheck-Anzug und braunen englischen Schuhen ruht der Baron bewegungslos in einem Liegestuhl mit Fußstütze; die Augen hat er geschlossen, um die laue Novembersonne besser genießen zu können. Cenzino steht in seiner weißen Livree neben ihm und liest ihm die Schlagzeilen aus dem »Mattino« vor.

»Craxi und De Mita: Einigung in Sicht.«

»Interessiert mich einen feuchten Dreck, mach weiter!« brummt der Baron von unten herauf, ohne die Augen zu öffnen und ohne die geringste Bewegung.

»Staatsverschuldung nimmt zu: fünfzehn Milliarden mehr als vorgesehen«, liest Cenzino mit monotoner Stimme weiter.

»Interessiert mich einen feuchten Dreck, mach weiter!« wiederholt der Baron.

»Afrikanische Frauenrechtlerinnen gehen auf die Straße.«

»Die Feministinnen müssen sich entscheiden, ob sie gleichberechtigt sein wollen oder glücklich«, urteilt Bel Ami.

»Jedenfalls interessiert mich das einen feuchten Dreck, mach weiter!«

»Visentini eröffnet Kampagne gegen Steuerhinterziehung.«

»Hat er die Todesstrafe dafür vorgesehen?« fragt der Baron und schaut Cenzino dabei aus einem Auge an.

»Nein.«

»Dann interessiert's mich einen feuchten Dreck, mach weiter!«

Antonio, der Oberkellner des Ruderklubs, nähert sich dem Baron, beugt sich zu ihm hinab und teilt ihm mit:

»Barone, da sind zwei Herren, die Sie sprechen wollen.«

Aus dem Augenwinkel erkennt der Baron von Airola und Altavilla am anderen Ende der Terrasse die etwas untersetzte Gestalt Salvatores und die eines anderen, ihm unbekannten Mannes.

»Sie sollen sich zu uns setzen.«

Gefolgt von Cazzaniga tritt Salvatore, ein Lächeln auf den Lippen, näher, während Antonio und Cenzino zwei Korbstühle neben den Liegestuhl des Barons stellen.

»Darf ich vorstellen, Barone«, beginnt Salvatore. »Dottor Cazzaniga, Generaldirektor von Alfa Romeo...«

»Nein, ich bin nicht Generaldirektor, sondern nur der Leiter der Personalabteilung in Pomigliano«, stellt Cazzaniga richtig.

»Ja, aber er kommt aus Mailand«, erklärt Salvatore.

»Sehr angenehm, Belisario«, erwidert der Baron und erhebt sich aus dem Liegestuhl.

»Das Vergnügen ist ganz meinerseits.«

»Nehmen Sie Platz. Heute ist ein wunderschöner Tag«, sagt der Baron mit einem Blick zum Himmel und legt sich wieder hin. »Eigentlich könnte man auch hinaus aufs Meer fahren. Kann ich Ihnen etwas zu trinken anbieten? Einen Bitter? Einen Aperitif? Ich würde Ihnen zu einem Copacabana raten.«

»Ein Copacabana wär mir gerade recht«, erwidert Salvatore reichlich unverfroren und ohne die geringste Ahnung, was ein Copacabana eigentlich ist.

»Mir wäre ein Kaffee lieber«, murmelt Cazzaniga.

»Also Cenzino, laß zwei Copacabana und einen Kaffee kommen«, ordnet der Baron an. »Die Zeitungslektüre setzen wir später fort: Merk dir, wo wir stehengeblieben sind.« Dann wendet er sich Cazzaniga zu: »Ich vermeide es, die Zeitung anzufassen, ich lasse mir lieber von Cenzino daraus vorlesen. Da ist zuviel Schmutz dran.«

»Sie haben recht, Barone«, stimmt Salvatore zu. »Da steht zuviel Schmutz drin: Die Journalisten schreiben nichts als Schweinereien!«

»Nun, welchem Umstand verdanke ich die Ehre?« erkundigt sich der Baron.

»Wenn wir Sie belästigen, Barone«, beginnt Salvatore zu erklären, »dann nur, weil der Bruder des Dottore, der neue Generaldirektor der IBM, nach Neapel kommen wird und...«

»Er ist nur Leiter der hiesigen Niederlassung«, stellt Cazzaniga richtig. »Ich verstehe nicht, warum Salvatore jeden gleich zum Generaldirektor befördern muß.«

»Das sollten Sie nicht weiter beachten, das ist in Neapel so üblich«, erklärt der Baron nachsichtig.

»Also, wie ich bereits gesagt habe«, setzt Salvatore noch einmal an, »der Bruder des Dottore ist nach Neapel versetzt worden, und da ich weiß, daß Sie am Arco Mirelli einem Mieter gekündigt haben, habe ich mir erlaubt...«

»Lieber Gott, wenn ich den nur schon los wäre!« ruft der Baron aus. »Den kriegen da keine zehn Pferde raus!«

»Aber haben Sie den Prozeß nicht gewonnen?«

»Natürlich hab ich gewonnen. Aber einen Prozeß gewinnen ist eine Sache, einen Mieter vor die Tür setzen eine ganz andere. In Neapel kann man bis auf weiteres keine Wohnung räumen lassen, und bis da irgendwas passiert, zahlt mir der Mistkerl nur die halbe Miete.«

»Was soll das heißen: nur die halbe Miete?« fragt Cazzaniga.

»Die Sache ist die: Er behauptet, mein Vater habe, vor dem Krieg, die Wohnung zum halben Preis vermietet, weil in ihr *'o munaciello* gespukt hat und sie deshalb niemand wollte.«

»*'o munaciello*, das Mönchlein?« wiederholt Cazzaniga mit fragendem Blick in Salvatores Richtung.

»Ja, er behauptet, mein Vater und sein Großvater hätten ein Abkommen geschlossen, um dafür zu sorgen, daß die Wohnung aus dem Gerede kommt. Papa meinte immer, auf die Idee zu dem Stück *Diese Gespenster* muß Eduardo De Filippo durch unsere Wohnung gekommen sein. Kennen Sie es?«

»Nein.«

»Jedenfalls, um es kurz zu machen, mein Mieter zahlt nur die halbe Miete und erklärt mir, die andere Hälfte solle ich mir von dem Mönchlein geben lassen.«

»Und Sie können da gar nichts machen?« fragt Salvatore.

»Was soll ich denn tun? Mehr als einen Prozeß gewinnen kann ich doch nicht!« erwidert der Baron mit einer Geste der Hilflosigkeit. »Letztes Jahr wollte ich ihm Angst machen und habe ihm per Einschreiben mitgeteilt, daß ich die Wohnung verkaufen wolle. Ich hab sogar einen angeblichen Interessenten, einen Freund von mir, zu ihm geschickt. Er hat ihn erst mal Platz nehmen lassen und ihm dann, um ihn zu erschrekken, gesagt, das Wohnzimmer solle er besser nicht betreten, denn das sei das Lieblingszimmer des Mönchleins. Es war auch ganz dunkel im Wohnzimmer, aber mein Freund wollte dennoch hineingehen. Und wissen Sie, was dann passiert ist? Er hatte noch keinen Fuß hineingesetzt, und schon bekam er zwei tüchtige Ohrfeigen und einen Tritt in den Hintern.«

»Hatte er einen Komplizen im Wohnzimmer versteckt?« erkundigt sich Cazzaniga sichtlich beeindruckt.

»Vielleicht war wirklich das Mönchlein drin«, meint Salvatore.

»Da kommen die Getränke«, bemerkt der Baron.

»Aber wer ist *'o munaciello*?« fragt Cazzaniga.

»Ein wie ein Mönch gekleidetes Gespenst«, erklärt ihm Salvatore. »Es gibt inzwischen viele Familien in Neapel, die sich so ein Mönchlein in der Wohnung halten und auf diese Weise ein ruhiges Leben führen.«

Cazzaniga und Salvatore stehen, gleich neben dem Fahrer, im Bus. Der 140er ist voll, und der beste Platz, den die beiden finden konnten, ist ein Stehplatz an dem Geländer, das den Platz des Fahrers abschirmt und an dem sie sich festhalten können.

»Und glauben Sie an Gespenster?« will Cazzaniga wissen.

»An Gespenster nicht, an das Mönchlein schon. Sehen Sie, Dottore, *'o munaciello* ist ein ganz kleines Gespenst, und wie alle Kinder will es andauernd spielen. Haben Sie noch nie einen Tag gehabt, an dem Ihnen ständig etwas aus der Hand gerutscht ist? Das ist das Mönchlein, das hat dann Lust, Blödsinn zu machen, und rempelt Sie dauernd an. Ein anderes Mal fällt Ihnen irgendwas auf den Boden, ein Kugelschreiber zum Beispiel, Sie beugen sich runter, um ihn aufzuheben, und sehen ihn nicht mehr. Und Sie fragen sich: ›Wo gibt's denn so was? Er ist doch genau hierhin gefallen!‹ Dann suchen Sie weiter und stellen fest, daß er unter dem Sofa gelandet ist. Das fällt Ihnen in dem Moment gar nicht weiter auf, aber eigentlich müßten Sie sich doch fragen: ›Nanu, wie ist der Stift denn unters Sofa gekommen? Schließlich hat er doch keine Beine.‹ Die Erklärung ist ganz einfach: Das Mönchlein hat ihn mit einem Fußtritt dorthin befördert.«

»Es muß schrecklich sein, mit so einem *munaciello* zusammenzuleben, wenn wir mal unterstellen, daß es existiert«, meint Cazzaniga dazu.

»Das ist nicht gesagt«, widerspricht Salvatore. »Es kann auch sein, daß Sie ihm sympathisch sind, und dann haben Sie Ihr Glück gemacht. Die richtigen Lottozahlen, Eingebungen, Ratschläge, es tut mehr als ein Schutzengel für Sie; ganz davon zu schweigen, daß es die Wohnung vor Räubern und anderem Gesindel beschützt. Sie müssen nämlich wissen, daß das Mönchlein besonders an der Wohnung hängt. Weh dem, der sie ohne seine Erlaubnis betritt! So ein Mönchlein im Haus ist besser als eine Alarmanlage.«

»Entschuldigen Sie«, unterbricht der Busfahrer Salvatore. »Fahren Sie oft mit dieser Linie?«

»Nein, warum?«

»Können Sie mir sagen, ob ich geradeaus in die Via Domenico Morelli fahren muß, oder ob ich links abbiegen muß in die Via Arcoleo? Ich habe nämlich für einen Kollegen einspringen müssen, dem es nicht gut geht. Der Schichtführer hat im Busdepot zu mir gesagt: ›Pasquale, fahr sofort los, wir haben schon Verspätung!‹ und da bin ich eben losgefahren, ohne mich über die Strecke zu informieren.«

»Sie müssen in die Via Arcoleo einbiegen«, meint ein kleiner Herr, der sich zwischen Salvatore und Cazzaniga durchdrängt. »Dann fahren Sie um die Piazza Vittoria herum und nehmen die Riviera di Chiaia.«

»Ach was«, mischt sich eine Frau ein, der drei kleine Kinder am Rockzipfel hängen. »Fahren Sie durch die Via Domenico Morellì und an der zweiten Kreuzung biegen Sie links ab in die Via Gaetani, dann kommen Sie auf die Riviera di Chiaia, ohne um die Piazza Vittoria herumzufahren.«

Als er diese divergierenden Ansichten hört, hält es der Fahrer für das Beste, erst mal anzuhalten. Die Autos, die hinter dem Bus warten müssen, beginnen ein wildes Hupkonzert.

»Signora, das ist doch Unsinn«, ereifert sich der kleine Herr. »Vor dreißig Jahren, zu den Zeiten, als Achille Lauro Bürgermeister war, ist der 140er durch die Via Gaetani gefahren, später haben sie ihn, weil er immer im Verkehr stecken blieb, durch die Via Arcoleo geleitet.«

»Nein, mein Herr, Sie irren sich«, greift ein älterer Mann

ein. »Zur Zeit von Achille Lauro war die Via Gaetani Einbahnstraße in der anderen Richtung; heute hingegen kann man sie so durchfahren, wie die Signora erklärt hat.«

»Das ist doch schnurzegal!« brüllt der kleine Herr. »Was interessiert es mich denn, in welcher Richtung die Signora die Einbahnstraße am liebsten hätte? Wenn ich Ihnen sage, daß der 140er durch die Via Arcoleo fährt, dann deshalb, weil ich die Strecke kenne!«

»Und Sie meinen, Sie kennen sie besser als ich, obwohl ich in der Via Gaetani wohne?« empört sich die Signora verbittert. »Wenn Sie uns nicht glauben, schauen Sie doch auf den Fahrplan an der Haltestelle!«

»So, weil die Signora in der Via Gaetani aussteigen will, direkt vor ihrer Haustür, muß also ein städtischer Autobus einen Umweg machen«, mischt sich ein Mann in blauem Monteuranzug ein.

»Ach, die Arme mit ihren drei Kindern!« meint eine einfache Frau voller Verständnis. »Wenn wir ihr damit einen Gefallen tun, fahren wir halt durch die Via Gaetani.«

»Und ich soll zu Fuß in die Via Arcoleo laufen?« erwidert empört der kleine Herr.

»Ich befehle Ihnen, durch die Via Gaetani zu fahren!« schreit die Signora den Fahrer an.

»Dottore, Sie werden soeben Zeuge einer Stadtbusentführung«, bemerkt Salvatore.

»Also hört mal her«, brüllt der Fahrer den Fahrgästen zu und verläßt den Fahrersitz, »wenn ihr euch nicht einigen könnt, dann lauf ich eben zur nächsten Haltestelle und schau auf dem Fahrplan nach. Und ihr bleibt hier und wartet auf mich: Ich bin gleich zurück.«

Der Fahrer steigt aus und begegnet nach wenigen Metern einem Verkehrspolizisten. Nach seinen Gesten zu urteilen, weiß auch der nicht recht, welche Strecke der 140er fährt, jedenfalls gehen sie zusammen zu dem Zeitungsverkäufer in der Via Arcoleo, um den zu fragen.

»Ich fürchte, mein Bruder wird sich in Neapel nicht sehr wohl fühlen, Salvatore«, meint Cazzaniga von Zweifeln geplagt. »Sehen Sie, der ist anders als ich. Er liebt die Genauigkeit, die Pünktlichkeit... da ist er unerbittlich... arbeitet bei der IBM. Eure Stadt ist sehr liebenswert, aber ich glaube nicht, daß sich hier jemals etwas ändert: das Mönchlein... der Busfahrer, der die Strecke nicht kennt... hier ist die Zeit stehengeblieben. Ob das nun gut oder schlecht ist, kann ich nicht sagen. Ich weiß nur, daß mein Bruder sich nicht dazu eignet, in dieser Stadt zu leben.«

Sokrates und das Fernsehen

Sokrates: Wollen wir unter dieser Zeder Rast machen und uns mit der Frage befassen, ob die Menschen mit der Zeit besser oder schlechter werden als ihre Väter!
Kriton: Ich möchte nicht als ein Pessimist wie Antisthenes eingeschätzt werden, doch fürchte ich, daß die jüngere Generation nicht mehr über die positiven Eigenschaften verfügt, die man gemeinhin vernünftigen Menschen zuschreibt und die für einen Philosophen einfach unverzichtbar sind.
Sokrates: Mein guter Kriton, kannst du uns irgendein Beispiel nennen, das deine These stützt?
Kriton: Bedauerlicherweise habe ich das Beispiel, nach dem du mich fragst, im eigenen Hause: Ich spreche, wie du vielleicht schon bemerkt hast, von meinem Sohn Thrasybulos. Der Junge verbringt, anstatt sich lehrreicher Lektüre und dem Studium der Natur zu widmen, den größten Teil des Tages schlafend, um sich die ganze Nacht in einem Athener Kellerlokal, dem »Club Dionysos«, zu vergnügen.
Sokrates: Du, Kriton, hast hingegen in deiner Jugend den ganzen Tag über gelesen und studiert? Denn das ist unsere eigentliche Aufgabe: Wir müssen die positiven und die negativen Eigenschaften der jüngeren Generation mit den positiven und negativen Eigenschaften vergleichen, die unsere Generation im gleichen Alter besaß. Nur auf diese Weise werden wir erkennen können, ob sich die Menschheit zum Guten oder zum Bösen hin entwickelt.
Kriton: Ich fürchte, o Sokrates, daß die Antwort dann gleichfalls

eine negative wäre. Auch wir trieben uns mit zwanzig Jahren nachts auf der Straße herum, ich, um mit dir in den Demos Alopeke zu kommen, und du, um mich zurück nach Kerameikos zu begleiten, aber, den Göttern sei Dank, wir haben zumindest miteinander geredet, und eben durch diese fortwährenden Gespräche und Diskussionen haben wir Geist und Seele geformt. Welchen Nutzen aber könnte die Jugend von heute daraus ziehen, daß sie sich Abend für Abend in düstere, verqualmte Diskotheken verkriecht, wo man allenfalls mit Hilfe von Gesten etwas zu trinken bestellen kann?

Sokrates: Und warum weigern sie sich, miteinander Gespräche zu führen?

Kriton: Sie könnten es gar nicht, selbst wenn sie es wollten: Die Musik ist so laut, daß es unmöglich ist, miteinander zu reden. Du erinnerst dich sicher noch, wie auch wir als junge Leute im Mondlicht *Kordax* und *Sikinnis* zu tanzen pflegten, doch zwischen einem Tanz und dem nächsten ruhten wir uns aus und hatten Gelegenheit, einander kennenzulernen. Heute hingegen ist die Discomusic in Mode, das ist eine Art Lärm, dem alles Musische fehlt und der ohne Unterbrechung auf einen eindröhnt. Dazu tanzt dann jeder allein für sich, versunken in wer weiß welche trüben Gedanken. Deshalb spreche ich von mißratenen Kindern, und wenn ich mißraten sage, dann denke ich nicht nur an meine eigene Familie, sondern auch an die Kinder des Aristides, des Thukydides, des Kimon und des Perikles und vergleiche sie alle mit ihren Vätern.

Sokrates: Gestatte mir, o Kriton, Zweifel anzumelden an dem, was du sagst. Auch Themistokles, und vor ihm Xenophanes, und vor ihm Hesiodos, und vor diesem Homer haben sich über die Jugend beklagt. Wenn man ihnen glaubt, war jede Generation schlechter als die vorhergehende. Wäre dem wirklich so, dann müßten unsere Kinder wildere Ungeheuer sein als die Erinnyen und die Moiren zusammengenommen. Ich fürchte jedoch, daß jedesmal, wenn man den Geist in die Zeit der eigenen Jugend zurückwandern läßt, ein gutmütiger Dämon, der sich in unserem

Gedächtnis versteckt, mit einer Handbewegung alles Häßliche auslöscht und nur das Gute und Erhabene durchdringen läßt. Man braucht sich doch nur an Atreus zu erinnern, der seinem Bruder Thyestes die eigenen Neffen zum Mahl vorgesetzt hat, an Herakles, der Telamon das Leben nahm, nur weil dieser vor ihm in Ilion war, und an die Zwillinge Proitos und Akrisios, die schon im Mutterschoß, als sie noch nicht einmal geboren waren, in Händeln miteinander lagen, und schon ist man nicht mehr so sicher, daß die Vergangenheit so schön war.

Kriton: Du magst durchaus recht haben, o Sokrates, aber höre den wohlgemeinten Rat eines Freundes: Solltest du einmal des Nachts einem Unbekannten begegnen, dann sei unbesorgt, wenn es sich um einen Mann unseres Alters handelt, doch sei auf der Hut, wenn du an einen jungen Athener gerätst.

Sokrates: Lieber Kriton, da kommt Simmias von Theben auf uns zu, fragen wir ihn, ob auch die Jugend Böotiens nur genußsüchtig und faul ist.

Kriton: Lieber Simmias, setz dich zu uns ins Gras und nimm an unserem Gespräch teil. Sokrates und ich sprachen gerade von den Eigenschaften der jüngeren Generation. Sind, nach deinem Wissen, in Böotien die Söhne besser als die Väter oder umgekehrt?

Simmias: Ich weiß nicht, was ich dir erwidern soll, mein guter Kriton: Weder die einen noch die anderen genießen meine Wertschätzung. Man sieht in Theben heute nichts anderes als Männer und Frauen, die vor dem Fernsehgerät sitzen und schweigend hineinstarren. Es ist schon so schlimm, daß in ganz Griechenland die Worte »Böotier« und »Fernsehzuschauer« dasselbe bedeuten.

Sokrates: Tröste dich, Simmias, auch in Athen sperrt sich der größte Teil der Erwachsenen zu Hause ein, um fernzusehen. Ja, noch schlimmer: Bisweilen schalten die Athener das Fernsehgerät sogar ein, obwohl sie gar nichts sehen wollen. Vor einigen Tagen war ich am Abend zu Gast bei Kallias und bemerkte, daß während des Essens das Fernsehgerät lief, obgleich niemand darauf achtete. Bis ich schließlich den Hausherren fragte: »Sag mir, werter Freund, dient diese Kiste, die du jeden Abend einschaltest, sobald du dein Haus betrittst, vielleicht der Beleuchtung?«

Kriton: Ich glaube, daß du, Sokrates, nur deshalb mit so viel Groll über das Fernsehen sprichst, weil du seinetwegen mit Xanthippe in Streit geraten bist. Kritias, der Sohn des Kallaischros, hat mir erzählt, daß die arme Frau vergangene Woche eine Folge der Fernsehserie von Aristophanes ansehen wollte und du in einem Wutanfall einen Stein in das Fernsehgerät geschleudert hast. Am Tag danach auf der Agora meinten alle, du hättest den Stein eigentlich dem Autor selbst an den Kopf schleudern wollen.

Sokrates: Das Ganze hat sich etwas anders abgespielt, o Kriton. Xanthippe verfolgte gerade einen Fernsehfilm von Aristophanes, als die Tür aufging und Kallikles, dieser Möchtegernsophist, eintrat, den ich einmal mitten im Prytaneion erniedrigt habe. Das Gesicht des Kallikles war von Wut verzerrt, seine Nase violett angelaufen, in der Hand hielt er einen Stein: Er war augenscheinlich betrunken. »Was willst du mitten in der Nacht hier, Kallikles?« habe ich ihn gefragt und er darauf: »Ich will, wenigstens einmal im Leben, von dir recht bekommen: Wenn du mir nicht augenblicklich sagst, daß ich recht habe, zertrümmere ich dir den Fernseher!« Was hätte ich, ein armer alter Mann, gegen so einen Rasenden tun sollen? Ich hab einen Blick auf den Fernsehapparat geworfen, festgestellt, daß gerade die zweihundertzweiundzwanzigste Folge der Serie von Aristophanes lief und hab ihm geantwortet: »Ich glaube, ehrlich gesagt, daß du unrecht hast, o Kallikles.« Da hat er den Stein geworfen. Danach habe ich, um ihn zu beruhigen, zu ihm gesagt: »Geh nur zufrieden deines Wegs, denn heute Abend hast du vielleicht zum ersten Mal in deinem Leben recht gehabt.«

Kriton: Du hast den Stein nicht geworfen, o Sokrates, aber es ist, als hättest du es getan: Du hast dich der Hand des Kallikles bedient, um das Fernsehgerät von Xanthippe zu zerstören. Vorhin, als Simmias von den Böotiern erzählt hat, die ihr ganzes Leben vor dem Fernsehapparat verbringen, habe ich in deinen Augen den Wunsch aufflackern sehen, Millionen von Steinen zu werfen! Sag mir ehrlich, ob ich deine Gedanken erraten habe.

Sokrates: Du irrst dich, mein guter Kriton! Ich habe nichts gegen das Fernsehen, im Gegenteil: Ich schau mir gern die Nachrichten an und alle die Sendungen, die es mir ermöglichen, etwas von der Welt zu sehen, ohne daß ich gezwungen bin, ständig aus dem Koffer zu leben. Ich bin lediglich gegen die Art, in der alle Sender, die staatlichen wie die privaten, dieses Kommunikationsmittel mißbrauchen. Sie übertragen nichts als anspruchslose Sendungen. Immer das gleiche: ein Quiz, eine Fernsehserie, eine Show nach der anderen. Ebenso könntest du mich zu einem Festmahl einladen und mir als Vorspeise etwas Süßes, als Hauptgericht etwas Süßes und als Nachtisch wieder etwas Süßes anbieten.

Kriton: Warum redest du nicht öffentlich darüber und versuchst, die Verantwortlichen dazu zu bewegen, ihre Programmschemata zu ändern?

Sokrates: Ich habe es versucht, doch es war vergebliche Liebesmüh. Einer der Archonten strebte die Vorherrschaft über die staatlichen Sender an, der andere setzte sich für die privaten Stationen ein. Der erste hat dem zweiten mit einem Erlaß einen Gefallen getan und dafür größere Macht bei den Sendern der Polis erhalten, keiner der beiden aber hat sich für die Interessen der Athener eingesetzt.

Simmias: Wie, o Sokrates, würdest du das Fernsehen benutzen, wenn du Macht darüber hättest?

Sokrates: Als erstes würde ich das Testbild abschaffen.

Simmias: Das Testbild?

Sokrates: Ja, ich würde es durch ein erzieherisches Programm ersetzen, das kaum Kosten verursachen würde.

Simmias: Und wie sollte das aussehen?

Sokrates: Sieh mal an, Simmias, wir haben hier bei uns in Athen doch ein großes Problem: Die Zahl der Verbrecher steigt von Tag zu Tag zusehends an, und unsere Gefängnisse reichen nicht mehr aus, um sie alle aufzunehmen. Um Platz für neue Missetäter zu schaffen, ist man heute gezwungen, die alten Insassen auf Bewährung freizulassen, und alle vier oder fünf Jahre wird eine Amnestie erlassen, und das übt gar keinen guten Einfluß auf die Bevölkerung aus.

Simmias: Was hat das alles denn mit dem Fernsehen zu tun?

Sokrates: Gleich wirst du es erfahren. Höre diese Geschichte von Solon dem Großen.

Simmias: Ich lausche deinen Worten, o Sokrates.

Sokrates: Es drang einmal ein Dieb in das Haus eines blinden alten Mannes ein und raubte ihm alles, was er besaß; doch beim Verlassen des Hauses, in dem er den Diebstahl begangen hatte, wurde er beobachtet, und am nächsten Tag schleppte man ihn in Ketten vor Solon. Der weise Mann sagte zu dem Dieb: »Ließe ich dich ins Gefängnis werfen, so täte ich dir nur einen Gefallen, denn ich würde dir helfen, deine Schande vor deinen Mitmenschen zu verbergen. Ich halte es daher für besser, dich öffentlich zur Schau zu stellen: Nur so wirst du erfahren können, was die anderen von deinen Taten halten.« Und er ließ ihn in einem Käfig zwischen den Säulen des Zeustempels aufhängen.

Simmias: Noch gelingt es mir nicht zu sehen, zu welchen Schlußfolgerungen du aufgrund dieser Erwägungen kommst, o Sokrates.

Sokrates: Zeige etwas mehr Geduld, o Simmias, und du wirst es verstehen. Solon hat an jenem Tag den Pranger erfunden, das heißt, er hat erkannt, daß es eine größere erzieherische Wirkung auf einen Verbrecher haben kann, ihn öffentlich zur Schau zu stellen, als ihn für einige Jahre ins Gefängnis zu werfen. Heute jedoch würde ich, da uns keine Agora zur Verfügung steht, die allen Bürgern Athens Platz böte, vorschlagen, an ihrer Stelle den Bildschirm zu benutzen, sozusagen eine Teleagora, und anstelle des sinnlosen Testbildes ein Bild des Verbrechers auszustrahlen.

Kriton: Und du meinst, die Schuldigen würden Scham empfinden?

Sokrates: Natürlich, man müßte nur ihren Fall bis in die kleinsten Details schildern. Ich gebe euch ein Beispiel: Die Finanzbehörden führen eine Steuerermittlung bei Eryximachos, dem Chirurgen durch, und stellen fest, daß er nur einen kleinen Teil seiner Einnahmen versteuert hat. Daraufhin verurteilt ihn der Richter zu sieben Tagen Testbild mit der folgenden Überschrift: »Dies ist der Steuerhinterzieher Eryximachos, Sohn des Akumenos; als Chirurg ist er gewohnt, für eine einfache Blinddarmoperation zwei Millionen Minen zu fordern, seiner Steuererklärung zufolge verdient er aber nie mehr als eineinhalb Millionen Minen im Monat.« Ein anderer Fall: Zwei Rowdys entreißen einer alten Frau die Handtasche und werden verhaftet. Das Gericht verurteilt sie zu zwei Monaten Zurschaustellung im Fernsehen. Jeden Abend würden die Zuschauer, sobald sie ihr Gerät einschalten, einen der beiden Rowdys mit einem Halseisen an den Pranger gekettet sehen, und darunter die Erläuterung: »Besonders niederträchtiges Individuum: Zusammen mit einem Komplizen hat er auf eine siebzig Jahre alte Frau eingeschlagen und ihr die Rente von zweihunderttausend Minen entrissen; das Bild des Komplizen wird heute abend um 22.30 Uhr im ersten Programm übertragen.«

Kriton: Und fürchtest du nicht, o Sokrates, daß so mancher Betrüger, nur um ins Fernsehen zu kommen, noch mehr Verbrechen begehen wird?

Sokrates: Dieses Risiko besteht zweifellos, gleichwohl müssen wir an den Rest von Ehrbarkeit appellieren, der in jedem Menschen steckt, wenn wir die Welt verbessern wollen.

Kriton: Und du glaubst, daß das Fernsehen mehr zur Verbesserung der Welt beitragen kann als du, wenn du mit den einzelnen Athenern sprichst?

Sokrates: Das wäre durchaus denkbar. Allerdings steht dem eines im Wege: Das Fernsehen antwortet nicht auf Fragen, es gleicht einem Menschen, der ununterbrochen redet, ohne auch nur einmal dem anderen zuzuhören.

Kriton: Es ist nicht seine Aufgabe zuzuhören, sondern zu informieren. Man geht davon aus, daß es auf der Grundlage der Meldungen, die das Fernsehen überträgt, anschließend zu einer Diskussion zwischen den Zuschauern kommen kann.

Sokrates: Ich habe in Athen nie eine Familie gesehen, die den

Fernsehapparat ausgemacht hat, um ein Gespräch zu beginnen. Nein, bester Freund, ich fürchte vielmehr, daß unser Jahrhundert zur Passivität verurteilt ist! Frauen, die ihr Leben schweigend vor dem Fernsehgerät verbringen, Männer, die sich lieber Fußballspiele am Bildschirm ansehen als selbst Sport zu treiben, junge Leute, die alleine vor sich hin tanzen, ohne einander jemals poetische Worte ins Ohr zu flüstern! Ich sage dir, o Kriton, das Wort ist das wahre Geschenk Gottes, der Dialog die einzige Möglichkeit, einen Streit zwischen Feinden beizulegen. Gepriesen seien die, die reden, selbst wenn sie zuviel reden.